MYRNA LLUCH

CABO ROJO
Y SUS PRÓCERES
{En mi Poesía Lírica}

-Homenaje Histórico-

CABO ROJO Y SUS PRÓCERES
(En mi Poesía Lírica)
-Homenaje Histórico
Primera Edición 2024

Portada: "El Faro de los Morrillos de Cabo Rojo"

Autor del óleo: Sifredo Lugo Toro "Zahorí"

Arte Gráfico y Edición General:

Myrna Lluch
P. O. Box 93
Boquerón, Puerto Rico 00622-0093
Tel. (787) 220-7595
E-Mail: myrnalluch@yahoo.com

Asistente Colaborador: Jack Foster
(US Friends & Education for Everyone)

Impreso en USA
ISBN# 9798883902542

MYRNA LLUCH

(Autora)

Contenido

Poemas Afroantillanos

v

*** Dedicatoria ***

En homenaje poético a la memoria póstuma de tres grandes próceres caborrojeños; otros hombres y mujeres ilustres de nuestra historia... y a mi preciada cuna de nacimiento...

….. **Don Salvador Brau y Asencio:** Poeta, periodista, ensayista, dramaturgo, sociólogo e historiador oficial de Puerto Rico.

….. **Dr. Ramón Emeterio Betances y Alacán:** Médico-cirujano, investigador científico, abolicionista, político de ideas revolucionarias, alma máter de "El Grito de Lares", literato (dramaturgo, poeta y escritor de trabajos científicos).

….. **Don Sifredo Lugo Toro (Zahorí):** Veterano pintor, escritor, diseñador, editor e historiador que, escribió y publicó 27 libros y sobre 13 Ediciones del Anuario Antológico de las Fiestas Patronales a San Miguel Arcángel de Cabo Rojo (1972-1985); fundador del Círculo Literario Caborrojeño en 1967, y presidente del Comité Pro Rescate de Cabo Rojo, que supo defender con su aguerrido y filoso verbo elegante los monumentos históricos y los valores artísticos y culturales de nuestro culto, bendecido e histórico pueblo "mata con hacha".

….. **A Cabo Rojo:** Por ser mi preciada cuna de nacimiento en su montañoso y majestuoso Barrio Llanos Tuna, e inspirarme día tras día como fértil poeta nativa a escribir versos inefables dedicados a su belleza incomparable.

-La autora-

Preámbulo

La <historia> se define como "la narración y exposición de los acontecimientos pasados y dignos de memoria, sean públicos o privados. Por consiguiente, con su nombre femenino, es "una disciplina que estudia y narra cronológicamente los eventos del pasado de la humanidad". Los <historiadores> son "aquellas personas que se encargan de estudiar la historia humana a través de los descubrimientos históricos realizados a lo largo de los años, y que, logran interpretar los acontecimientos ocurridos durante el pasado, gracias a su labor de investigación, análisis e interpretación de datos". **(Cita de Google).**

En mi carácter personal, y dado a conocer públicamente en primer orden a través de esta obra, yo he sido reconocida en el ámbito local e internacional como laureada poeta, escritora, periodista., gestora cultural y artista en los diversos géneros de las bellas artes; pero no como <historiadora> titulada ni certificada… ya que soy de humilde formación intelectual autodidáctica. Y es precisamente desde allí, donde he aprendido a sentirme atraída y cautivada por conocer las historias de vida y obra fascinantes de los grandes hombres y mujeres ilustres de mi pueblo, de Puerto Rico e Hispanoamérica, aunque, numerosas fuentes bibliográficas consultadas por mi persona denotan que una cuantiosa parte de nuestra historia prevalece tergiversada y aparentemente escrita por los llamados <historiadores> sin la precisa corroboración de fechas exactas en lo relativo a nombres, datos y sucesos históricos. De modo que, para nosotros los realmente interesados, nos enfrentamos a esta desafortunada interrogante.

Resulta en toda instancia monumental, todo lo que se ha escrito y publicado de los tres grandes próceres caborrojeños fallecidos, pero protagonistas por excelencia única de esta obra literaria con trasfondo histórico, educativo y poético de mi autoría original: **don Salvador Brau y Asencio, Dr. Ramón Emeterio Betances y Alacán, y don Sifredo Lugo Toro (Zahorí).** Este último, y a quien tuve el caro privilegio de conocer personalmente en 1967 durante la plenitud de mi adolescencia, dejó como legado invaluable a los anales de la historia caborrojeña, gran parte de su vida y obra literaria escrita y fija en sus tantos libros publicados para conocimiento intelectual de futuras generaciones de todo Puerto Rico y el mundo.

Lo que me place sobremanera exaltar en este libro, es mi poesía lírica e histórica dedicada especialmente a los tres grandes próceres más reconocidos en el escenario cultural de nuestro pueblo; versos de mis fértiles musas, que han nacido desde la transparencia real de mi espíritu poético, y que van acorde con mis conocimientos intelectuales recogidos minuciosamente de los tantos escritos biográficos encontrados en la investigación de innumerables fuentes bibliográficas. Pero, entiéndase que, son mis musas originales respondiendo con gracia positiva al dominio de mi capacidad creativa en la musicalidad de mis históricos versos. Es este un caso en particular, como <historiadora poética autodidacta> de pluma y tintero prolífero.

Hago hincapié en este escrito de introducción a esta obra, que Cabo Rojo, como todos los pueblos y países del mundo, época tras época, siglo tras siglo… siempre ha contado con hombres y mujeres ilustres en la palestra pública de nuestra historia cultural. El hecho es que, de los innumerables cerebros brillantes considerados <genios>, son incalculables sus nombres y sus valiosas y significativas obras realizadas en la historia real de su pasada existencia humana. Ellos también fueron personas eminentes y de alta distinción; personas sobresalientes en sus respectivos campos de trabajo y en sus ejecutorias, a los que muy bien les asentaba el título de <próceres>. Pero, son los mismos rescatistas de la llamada <historia de pueblo> quienes los han dejado regazados en los anales del olvido histórico.

Aquí y ahora, en nuestra llamada "Cuna de Próceres", quien desempeñó una misión titánica como gran escritor e historiador autodidacta a favor de los grandes genios intelectuales de nuestra historia pasada, fue nuestro ilustre prócer del "Tercer Milenio", don Sifredo Lugo Toro {Zahorí}… quien lo ha dejado bien plasmado en tinta y papel en cada una de sus obras literarias publicadas. A tal efecto, y tomando como fuentes bibliográficas sus obras que atesoro en mi archivo histórico, con sumo placer dedicaré unas páginas de este libro a la mención de sus nombres en tributo de recordación a su memoria póstuma…

Es justo y necesario traer sobre la mesa cultural, intelectual e histórica de Cabo Rojo, lo que, las diversas autoridades municipales de nuestro "Ayuntamiento" pasadas y presentes… se han visto obligados a reconocer únicamente por el llamado <cumplido gubernamental>. La egregia figura del Dr. Ramón Emeterio Betances y Alacán (El Padre la Patria), es recordada y exaltada año tras año, ya que, cuenta con su propio "Comité Jornada Betances" que, por sobre cuatro décadas ha venido realizando la Conmemoración del Aniversario Natalicio de nuestro prócer el día 8 de abril de cada año natural frente a su Tumba Monumento en la Plaza de Recreo que ostenta su nombre. El "Ayuntamiento" del pueblo, (diríase que, por obligación moral, cultural y municipal), dispone de un funcionario público con ofrenda floral, aunque no esté en acorde mutuo con su ideología política de turno.

Don Salvador Brau y Asencio

Confirmado por el ilustre compueblano fallecido, don Sifredo Lugo Toro (Zahorí) en uno de sus escritos publicados a tal efecto… "La ilustre figura de don Salvador Brau y Asencio afloró en Cabo Rojo cuando durante el pasado año 1971, la matrícula del Club Caborrojeño de Guaynabo concibió el Proyecto de la erección de su "Monumento" desde su génesis hasta su instalación. Pero sus nombres no aparecen en la tarja de créditos. Los usurpadores de gloria suelen esconder nombres y autorías. Por eso los nombres de Hiram Ramírez Campiz, Herminio Brau, Severo Colberg, Arsenio Comas, Pepito Negrón y otros miembros del Club Caborrojeño están inscritos en la tarja del olvido. Esto lo sabe Zahorí porque asignaron a sus manos la contratación del monumento". **(cierro la cita).**

He aquí mi pregunta relevante: ¿Quién aquí en Cabo Rojo desde aquel entonces dispuso de alumbramiento intelectual e histórico para exaltar la egregia figura de nuestro prócer caborrojeño, don Salvador Brau y Asencio después de la instalación de su monumento en 1971? Bajo mi humilde conocimiento intelectual… ¡nadie! Me hubiese yo enterado acto seguido aun cuando había establecido residencia en la ciudad de Nueva York. Mi gran mentor y maestro don Sifredo Lugo Toro / Zahorí era mi fiel y devoto informante de todo acontecimiento cultural e histórico en mi pueblo para aquella época bajo correspondencia postal ininterrumpida.

En Cabo Rojo, jamás se conmemoró la fecha del 11 de enero como el día memorable de la celebración del natalicio del prócer nacido tal día en 1842. Mayagüez tenía y tiene mucho más engranaje moral, cultural e histórico celebrando a su insigne prócer, don Eugenio María de Hostos, nacido un 11 de enero de 1839.

Treinta años (30) años después en el 2001, todo cambió cuando Zahorí trajo a mi conocimiento personal de que, el majestuoso Monumento a Salvador Brau y Asencio fue instalado, pero jamás inaugurado oficialmente ni por autoridad municipal de turno, ni por institución cultural alguna. **¡Hago únicamente tuya esta gestión cultural! (me riposto mi gran mentor y maestro).**

Y cinco (5) años después, en el 2006, a raíz de mi perseverante lucha y sacrificio cultural, intelectual e histórico con varias oficinas gubernamentales y la municipal de mi pueblo… ¡Gloria a Dios pude sentirme como <gestora cultural> realizada! Coordiné con positivo acierto la Inauguración oficial del monumento, y la "Primera e histórica conmemoración del 164 aniversario natalicio del prócer" el pasado 11 de enero de 2006, recibido el aval de la Legislatura Municipal y del alcalde de turno durante aquella época.

Sifredo Lugo Toro "Zahorí"

De aquel magno e inolvidable evento histórico de pueblo, mucho me place espiritualmente publicar unas fotografías especiales, y citar unos segmentos del relevante discurso del ilustre caborrojeño, don Sifredo Lugo Toro{Zahorí} durante la ya mencionada fecha, que llevó por título: **"DENUNCIA ABIERTA" (Disertación no apta para pacientes con anomalía cardiovascular).**

**El ilustre caborrojeño, don Sifredo Lugo Toro {Zahorí}
en el instante de su discurso.**

"Aquí estamos frente a la augusta dimensión
inanimada del más grande caborrojeño: el hidalgo don
Salvador Brau Asencio. Aquí, gracias a nuestra <Lola
Caborrojeña>: Myrna Lluch, se va a exaltar la figura
egregia de este varón y de la gesta patriótica de su
pueblo.

En primer lugar, cabe reconocer a Myrna Lluch
(quien es orgullo en las Letras, como dramaturga y
poeta) así como por haber sido la autora de la Deposición
que culminó, como Proyecto No. 1, Ordenanza
Municipal No. 23, Serie 2004-2005 de la Legislatura
Municipal de Cabo Rojo, aprobada el 7 de abril del año
2005 y firma el 12 del mismo mes por el Hon. Alcalde
Santos E. Padilla Ferrer. Esta Resolución autoriza
perpetuar la Recordación y Conmemoración del
Natalicio del Ilustre Prócer don Salvador Brau y
Asencio, el día 11 de enero de cada año y en todo el
territorio caborrojeño. La <<Lola>> de Cabo Rojo tiene
la maternidad absoluta del Día Feriado, con la anuencia
de los caborrojeños que, por más de 30 años aupamos la
memoria del prócer.

Gracias a Myrna Lluch, nuestra más grande defensora del insumo cultural de Cabo Rojo, ha logrado que Brau tenga su día en el calendario, como lo tiene Betances, y que ese día se le honre con ofrendas florales y testimonios del pueblo. Gracia a ella, a nuestra Lola, nuestro procerato estará en buenas manos. Es suya la gloria de este acto. Es suya esta página de Historia y suyo mi abrazo en esta hora. Gracias. (Sifredo Lugo Toro; 11 de enero de 2006)

La imagen representa a la laureada escritora y artista Myrna Lluch ("La Lola de Cabo Rojo"), gestora cultural y oradora principal del acto de Inauguración oficial del Monumento a Salvador Brau y Asencio, e Histórica y primera conmemoración de su "164 aniversario natalicio". Al fondo a mano izquierda el fallecido locutor caborrojeño, Rafael Rosas Rosado, quien fungió como maestro de ceremonia del magno evento histórico. (11 de enero de 2006).

Correspondencia histórica
de doña Rosalina Brau Echeandía
(Bisnieta del prócer)
A la gestora cultural Myrna Lluch

(Texto: Rosalina Brau: 18 de enero de 2006)

Estimada Srta. Lluch:

Quiero por medio de estas líneas expresarle mi agradecimiento por su atención de enviarme copia de su excelente y sentido discurso con motivo de la actividad celebrada en honor a Salvador Brau Asencio, mi bisabuelo, el pasado miércoles 11 de enero.

Ojalá que cada pueblo de nuestra querida islita tuviera una Myrna Lluch que se ocupara de rescatar y mantener en su lugar todo aquello que se va relegando al olvido.

La felicito de todo corazón y que Dios nuestro Señor le permita continuar con su labor por muchos años más, para que sus coterráneos podamos seguir disfrutando de la misma.

Atentamente,

Rosalina Brau Echeandía

(Cortesía Archivo Histórico de Myrna Lluch)
-23 de enero de 2006-

Anatomía historiográfica
del Monumento a don Salvador Brau y Asencio

(Cortesía archivo histórico de Myrna Lluch)
Autor: Sifredo Lugo Toro {Zahorí}

Sucesivamente, un tiempo después del inesperado fallecimiento del alcalde, Sr. Santos E. Padilla Ferrer, y quedando como alcaldesa la Sra. Perza Rodríguez Quiñones, a petición personal de ésta, la "Conmemoración del Aniversario del Prócer" fue coordinada por mi persona (ya retirada del servicio público) durante dos años (2008-

2009), hasta su colapso injustificado. Posteriormente, y, con el apoyo cultural de un nuevo alcalde comprometido, Sr. Roberto Ramírez Kurtz, continuamos celebrando a "Brau El Prócer" hasta su derrota electoral como alcalde del pueblo. Era un fiel creyente de que: **"la cultura de un pueblo no debe de tener credos políticos"**.

Desde el pasado año 2021 en el que fui nombrada oficialmente vice presidenta en la Junta Directiva de la prestigiosa Sociedad Histórica de Cabo Rojo, Inc., año tras año hasta el momento presente, y aún con la asistencia física de muy pocas personas, hemos conmemorado los aniversarios del natalicio de Brau depositando ofrendas florales en su Monumento, toma de fotografías y filmación de documentales relativos a nuestro tributo de recordación al prócer el día 11 de enero de cada año natural. Evidencia verídica aparece publicada en la página de la "Sociedad", Red Social "Facebook".

No podría concluir este <Preámbulo de Apertura> a mi obra literaria e histórica sin acompañarlo con 2 sonetos de mi autoría original, escritos el pasado 6 de junio de 2019 en Boquerón, Puerto Rico y publicados en mi Poemario "Campanario Lírico", Año 2019, Págs. 12 y 13.

¿Qué es un pueblo?

¿Qué es pueblo sin artistas?
¿Qué es un pueblo sin cultura?
¡No tiene voz ni estatura;
no tiene gradas ni pista.

Alma de un pueblo es la historia
y el vuelo en las bellas artes;
¡no tienen lustre ni gloria…
los fantasmas caminantes!

Yo soy voz de la justicia
de pie con firme milicia
sin sentirme destronada…

Y hecho al garete mi fiera
por mi pueblo en duermevela…
con memoria perturbada.

¡Yo no soy tu enemiga, Cabo Rojo!

¡Yo no soy tu enemiga, Cabo Rojo;
soy una voz de alarma justiciera
por mi camino batallando arrojos…
en controversia que jamás espera!

Y no callo verdades en la sombra
cuando estremezco páginas de historia;
cátedra doy a toda injusta alfombra…
cuando es indiferente a su memoria.

Yo no soy tu enemiga, Cabo Rojo;
soy humilde mujer de vasto arrojo
izando tu bandera allá en la cumbre…

Batallando mis todos y mis nadas
con alma y sentimiento en las cruzadas…
¡donde tú sin piedad retas mi lumbre!

Año 2019
Cabo Rojo, Puerto Rico

Salvador Brau y Asencio

Nació en la antigua Calle Prim del pueblo de Cabo Rojo el 11 de enero de 1842. Su nombre completo fue "Salvador Bartolomé Higinio Brau y Asencio"; hijo biológico de Bartolomé Brau, un maestro catalán de origen alemán, y de la criolla Luisa Antonia Asencio. Polifacético como poeta, ensayista, periodista, dramaturgo, sociólogo y, considerado el primer historiador oficial de Puerto Rico, de acuerdo a diversas fuentes bibliográficas.

Hizo su instrucción primaria en su pueblo natal, y al terminar la escuela elemental trabajó como dependiente en el comercio y auxiliar de escritorio, ya que su familia no disponía de suficientes recursos económicos. De formación intelectual autodidáctica, Brau alternó su trabajo con el estudio.

Durante sus períodos de tiempo libre, éste leía a grandes clásicos: Quintana Lamartine, Hartzenbusch, García Gutiérrez, Nuñez de Arce, Zapata y José Echegaray… mientras iba formándose y desarrollando su recia y firme personalidad. Siendo muy joven aún, ya daba muestras de sus inclinaciones literarias…

En Cabo Rojo fundó un "Círculo Popular de Enseñanza Mutua", que ofrecía clases de idioma y de otras asignaciones de carácter científico. Escribía versos, colaboraba en la prensa de San Juan y se distinguió como <dramaturgo>. De sus obras dramáticas se destacan: "Héroe y Mártir" (1871); drama histórico en verso y en tres actos que fue escrito especialmente para la inauguración del Teatro Excelsior de Cabo Rojo; "De la superficie al fondo" (1874); juguete cómico en tres actos y en verso que trata de costumbres puertorriqueñas; "La vuelta al hogar" (1877), obra de tres actos en verso que contiene enredos enigmáticos, piratas, escenas marinas, etc., y "Los horrores del triunfo" (1887), obra también en tres actos y en verso que recoge el tema de la libertad de la patria siciliana contra la intervención del rey Carlos de Anjou de Francia, 1282, con la aprobación del Papa.

En 1865, Brau fue vocal de la Junta Local de Instrucción; en 1873, síndico del Consejo Municipal, y en 1880 fue nombrado <Cajero en la Tesorería de San Juan>, cargo que ocupó por diez años. Colaboró en los siguientes periódicos y revistas: El Fomento, El Agente, El Clamor del País, El Asimilista, El Buscapié y la Revista Puertorriqueña. De sus artículos periodísticos y cartas publicó: Lo que dice la historia (1882), y Ecos de la batalla (1886).

Brau se distinguió como ensayista sociológico e histórico. A esta línea de pensamiento pertenecen: "Las clases jornaleras de Puerto Rico (1882), "La campesina (1885), La herencia devota (1886), La danza puertorriqueña

(1887). También cultivó el género legendario: "Una invasión de filibusteros (1881) y "Un tesoro escondido" (1883). En 1890 publicó su novela realista "La pecadora". A 1909 pertenece su libro de poemas "Hijas caídas". En 1888 se le concedió <la flor natural> por su poesía "Patria" en los primeros juegos florales celebrados en la isla. En 1889 fue nombrado Diputado Provincial por Mayagüez; luego secretario de Partido Autonomista.

Comisionado por la Diputación Provincial embarcó para España en 1894 con el propósito de investigar las fuentes históricas de nuestro pueblo en el Archivo de Indias. Como resultado estas investigaciones, escribió su libro "Puerto Rico y su Historia en Valencia. Trabajo como jefe de las oficinas de Aduana antes y después de la llegada de los norteamericanos a Puerto Rico.

En 1903 fue nombrado <Historiador de Puerto Rico> por las Cámaras Insulares, labor que desempeñó hasta su muerte. A su labor histórica también pertenecen "Historia de los primeros cincuenta años de colonización de Puerto Rico". Brau se distinguió como un eminente periodista que trató de reflexionar e interpretar sociológicamente los problemas de su país. Como historiador, también trató de ir más allá del dato anecdótico y legendario; llegó a las fuentes originales tratando de dar luz sobre los orígenes de su pueblo. **(Fuente Bibliográfica: Colecciones Puertorriqueñas (Biografías); Por: Cesáreo Rosa-Nieves y Esther M. Melón)**

Notas verídicas sobre el majestuoso Monumento a don Salvador Brau y Asencio

Fue instalado en el año 1971 con motivo de la Celebración del "200 Aniversario de Fundación de Cabo

Rojo", pero, como dato relevante expresado personalmente a mi persona por el insigne prócer caborrojeño, don Sifredo Lugo Toro {Zahorí}, que tuvo la supervisión total de la erección del Monumento a su cargo, el mismo no fue inaugurado oficialmente en aquella época al momento en el que quedó instalado, y nunca antes, estando el "Monumento a Salvador Brau" físicamente aquí, se le rendió <Tributo de Recordación> a este hombre genio de nuestro procerato, y primer historiador oficial de Puerto Rico. Tampoco el día 11 de enero nunca ha sido declarado día feriado en nuestro calendario histórico de hombres y mujeres ilustres de Puerto Rico.

Desde 1971 hasta el año 2000, y transcurridos 29 largos años, dialogando sobre don Salvador Brau y Asencio con mi mentor y maestro Zahorí, y siendo empleada gubernamental del Municipio Autónomo de Cabo Rojo, éste me motivó a iniciar las diligencias administrativas correspondientes a la Inauguración oficial del Monumento, y a realizar la Histórica y primera conmemoración del "164 aniversario natalicio del prócer caborrojeño". En adelante, transcurrieron 5 largos años de reuniones, conversaciones, y de correspondencia oficial escrita a diversas oficinas del gobierno central y municipal, hasta que, al fin, a mediados del año 2005, logré que la Legislatura en el Ayuntamiento de mi pueblo en aquel entonces, me otorgara audiencia y se escuchara mi voz peticionaria mediante <Propuesta Cultural>; gestión que culminó endosada a mi favor mediante voto unánime y aprobada oficialmente de inmediato.

Y llegó el gran día pacientemente esperado por mi persona en calidad de aguerrida e intelectual gestora histórica: ¡11 de enero de 2006! Donde con centenares de asistentes a las 10:00 a.m., familiares sanguíneos y descendientes de prócer, funcionarios municipales, estudiantes de las escuelas públicas de la comunidad y público en general celebramos históricamente la vida y obra de "Brau el Prócer".

Fotografía histórica
Monumento a Salvador Brau y Asencio

La imagen representa el majestuoso "Monumento" a nuestro insigne prócer caborrojeño con las ofrendas florales depositadas el pasado 11 de enero de 2024 por miembros de la prestigiosa Sociedad Histórica de Cabo Rojo (entidad cultural sin fines de lucro), en Conmemoración del "182 Aniversario de su Natalicio". (Fotografía cortesía de Jerjes Medina Albino).

Salvador Brau y Asencio (En mi Poesía Lírica)

¡Brau el prócer!

Casi un siglo en clamor de justicia
héroe y mártir de histórico acervo;
gladiador del estudio, pan nuestro…
y hacedor de la luz que acaricia.

Forjador de la espiga en el verbo;
sembrador de pasión campesina;
fértil huella de todos los tiempos…,
¡manantial de tus musas erguidas!

Es arcano tu indómito genio
donde danzan tus mil y una liras;
faro y guía de eternos milenios…,
¡horizonte de oro que inspiras!

¡Cuán humeante la antorcha inefable
que te aúpa por toda divisa,
con latido de historia inviolable…
¡tu \<brauniana\> pasión se eterniza!

¡Lola soy de tus reales caminos
en la aurora boreal de mi gesta;
trueno fui de tu pueblo dormido…
y alba en ti renaciendo floresta!

¡Lola soy del regreso a tu Patria
rebasando invisibles trincheras;
hoy despiertos los ojos del alma…
resucitan tu flor lisonjera!

¡Casi un siglo en clamor de justicia
y yo, \<Lola\> de esgrima en mi guerra;
Brau el Prócer, fundida en delicia…
te he devuelto a tu trono en la Tierra!

(Este poema lírico fue declamado por su autora original, Myrna Lluch, en ocasión de la Inauguración Oficial del Monumento a Salvador Brau y Asencio, e Histórica y Primera Conmemoración "164 Aniversario Natalicio del Prócer Caborrojeño". (miércoles, 11 de enero de 2006 / 10:00 a.m.) frente a la Iglesia Católica San Miguel Arcángel de Cabo Rojo, Puerto Rico).

Fiel procerato

(A Salvador Brau y Asencio

(En la Conmemoración del 167 Aniversario de su Natalicio el 11 de enero de 2009, Cabo Rojo, Puerto Rico)

Yo me hago llamar "Lola" en la milicia
de la vanguardia, valentía y arrojo,
pues con capa y espada hice justicia…
a tu fiel procerato en Cabo Rojo.

A tu fiel procerato en la historia
con mil rayos de oro en tu lumbre;
florecientes tus manos de gloria…
y tu genio escalando la cumbre.

En tu pueblo rompiste cadenas
desafiando con luz la ignorancia;
fuiste hombre de temple y hogueras…
¡por los campos sembrando esperanza!

Aguerrido en tu lengua y tintero
fue tu lucha clamor persistente;
tu voz se hizo relámpago y trueno…
frente a España entre toda su gente.

Y tu nombre fue un eco de altura
con tu verbo en la fértil jornada;
eres Brau de la historia y cultura…
la imponente y virtual llamarada.

Fue espartano tu espíritu ardiente,
hombre recio, genial y sensato
de cultivo y conciencia vehemente…
¡inmortal en tu fiel procerato!

Puerto Rico se yergue en tu historia,
hombre sabio de humilde hidalguía
que hay coronas de luz y de gloria…
¡irradiando por ti en mi poesía!

Y yo, "Lola" en ferviente milicia
con mi capa y espada en arrojo,
hoy celebro que te hice justicia…
¡Brau El Prócer… aquí en Cabo Rojo!

11 de enero de 2009
Cabo Rojo, Puerto Rico

(A don Salvador Brau y Asencio)

(Soneto)

**-En conmemoración
de su "180 aniversario natalicio"-**

Hoy repica lustrado el campanario
de la Gloria entre ritmos inefables;
¡Brau el Prócer está de aniversario…,
son 180 años memorables!

De su "Faro de Luz" brotó la historia
con su genio patriótico de alzada;
figura prominente, obra notoria…
digna del procerato en su cruzada.

Cerebro intelectual e iridiscente
que a la batalla dio pasión ardiente
con su verbo hecho espada justiciera…

¡Brau el Prócer está de aniversario
con espíritu vivo en su santuario…,
nadie apaga las llamas de su hoguera!

11 de enero de 2022
Cabo Rojo, Puerto Rico

Himno a Salvador Brau

¡Salvador, Salvador, Salvador!
Cabo Rojo orgulloso te aclama;
héroe y mártir, gran historiador…
que has dejado encendida tu llama.

De tu patria genio educador,
hombre ilustre de escudo y espada;
gran hidalgo y sabio pensador…
en la historia brilla tu jornada.

Encendida en nuestro corazón
va tu antorcha patriota flameando
y el insumo de tu inspiración…
como Estrella nos va iluminando.

¡Salvador, Salvador, Salvador!
con tu culto de prócer brillante
Cabo Rojo a tus pies rinde honor…,
de la Patria eres porta-estandarte!

27 de enero de 2006
Cabo Rojo, Puerto Rico

Faro de luz
(A don Salvador Brau y Asencio)

Como "Faro de luz" entre las peñas
iluminas tu cuna bendecida;
con justicia brilló tu pluma isleña…
y tu genio cantó con voz de lira.

Como "Faro de luz" en las montañas
labraste surcos sin dejar orillas;
¡cuán prolífera fue tu sabia hazaña…
en que regaste fértiles semillas!

Como "Faro de luz" en las llanuras
con tu verbo hecho Lanza descollaste;
tu conciencia fue sello de apertura…
¡y por tu gente humilde batallaste!

Como "Faro de luz" en Cabo Rojo
tú rompiste cadenas con tu alcance;
niño y hombre precoz de vasto arrojo…
¡ganador de tu gloria y tu estandarte!

Como "Faro de luz" de pueblo en pueblo
sabia historia de patria tú sembraste
y levantaste aquí un valioso templo…
sin parangón que al mundo tú legaste.

Como "Faro de luz" diste a esta Lola
la musa y el tesón para cantarte,
y yo, Brau, me muevo entre tus olas…
¡defendiendo tu obra con mi arte!

Y vivo tú en el inmortal recuerdo
de una olímpica musa descarnada,
como "Faro de Luz" va renaciendo…
¡Brau el Prócer… tu eterna llamarada!

11 de enero de 2008
Cabo Rojo, Puerto Rico

(Este poema lírico fue declamado por su autora original, Myrna Lluch, en el acto de la Histórica y Tercera Conmemoración del "166 Aniversario Natalicio del Prócer Caborrojeño" frente a su majestuoso Monumento el pasado 11 de enero de 2008).

Dr. Ramón Emeterico Betances y Alacán

(En mi Poesía Lírica)

**Fotografía histórica tumba monumento
Dr. Ramón Emeterio Betances y Alacán**

La imagen representa la "Tumba Monumento" de nuestro insigne prócer caborrojeño, Dr. Ramón Emeterio Betances y Alacán en la Plaza de Recreo que ostenta su nombre, y donde descansan sus restos. Esta fotografía histórica fue tomada el pasado 8 de abril de 2023, día de la Conmemoración del "196 Aniversario de su Natalicio" en el que, miembros de la Sociedad Histórica de Cabo Rojo hicimos acto de presencia física con nuestro depósito de una ofrenda floral. (Cortesía de Jerjes Medina Albino)

*** Pinceladas históricas ***

Soy simple y sencillamente una humilde, prolífera y laureada mujer escritora, artista, periodista y gestora cultural que, fielmente ama la historia, la vida y obra de hombres y mujeres ilustres de Puerto Rico y de mi culta y bendecida cuna caborrojeña... sin pretensión ni ostento caprichoso alguno de llegar a ser una historiadora titulada. Pero, mucho lamento haber visto innumerables errores aparecidos en la gran historia escrita de nuestro insigne prócer caborrojeño, el Dr. Ramón Emeterio Betances y Alacán, en múltiples publicaciones locales e internacionales en las cuales he tenido acceso directo a su lectura. De tal manera, resulta harto dificultoso corroborar con plena exactitud intelectual e histórica, especialmente, ciertas fechas de datos biográficos y cronológicos acontecidos en lo que, fuese la vida humana del "hijo más grande de nuestro preciado archipiélago puertorriqueño".

Es bien sabido con certeza irrevocable que "BETANCES" nació en el pueblo de Cabo Rojo el 8 de abril de 1827, y que falleció en París, Francia el 16 de septiembre de 1898, donde había recibido su educación primaria y estudios universitarios en la Facultad de Medicina del mencionado país y, donde obtuvo el título de médico-cirujano en 1856. No obstante, la obra monumental del ilustre prócer y masón caborrojeño sobrepasa los límites normales de la palabra escrita. Aquí cabe hacer hincapié en el pensamiento filosófico de la poeta nacional puertorriqueña, Julia de Burgos: **"La biografía de un artista está en su obra. No creo que las palabras puedan expresar la trayectoria de una vida; ésta es más visible en sus ejecutorias".** (cierro la cita).

Por consiguiente, aunque sólo me he propuesto a exaltar la egregia figura de nuestro ilustre e inmortal caborrojeño con breves y selectas pinceladas históricas, y varios de mis poemas clásicos y afroantillanos dedicados a su memoria póstuma en su capítulo de "abolicionista", también es justo y necesario dar a conocer al lector apasionado diversos datos relevantes de su valiosa y significativa vida y obra, basados en una que otra fuente bibliográfica confiable y consultada que, tal vez no hayan llegado al conocimiento real de mucha gente ajena e indiferente a la literatura histórica.

Se reconoce pública e indiscutiblemente a la egregia figura de "BETANCES" como: El Padre de la Patria, El Padre de la Medicina Puertorriqueña, El Padre de los Pobres y El Antillano. Hombre genio, polifacético y universalista en diversas disciplinas que… **se destacó en el campo de la medicina general, la cirugía y la oftalmología. Cultivó el periodismo, fue poeta, novelista, teórico político, diplomático, abolicionista de renombre, promotor de nuestro "Grito de Lares" y profeta de la Federación Antillana";** (tal como descrito por Félix Ojeda Reyes, encargado de la edición titulada "El Anciano Maravilloso", publicada por la Institución de Estudios del Caribe con la colaboración del Comité del Centenario de 1998; Universidad de Puerto Rico; Año 1995.

Una de las fuentes bibliográficas consultadas lleva por título **"Betances entre Nosotros"**, donde aparece un escrito de la autoría original de Ramón Arbona relativa a una "Exposición" organizada por el Instituto de Estudios del Caribe y el Museo de la Universidad de Puerto Rico (11 de abril al 4 de junio 1989).

El autor alega en su breve escrito (págs. 13-15) que: **"Cuando éramos niños, Betances no existía. Betances, esto es, completo. Existía, si acaso, una nota sobre un doctor que abogó por la abolición de los esclavos en aquel infame libro de "Miller" con que nos filtraban la historia de Puerto Rico. Un tal "Miller"; un americano que vino de Comisionado de Instrucción y se sintió con autoridad suficiente para narrarle la historia de Puerto Rico a los niños puertorriqueños. (cierro la cita).**

No obstante, contra viento y marea, **"Betances"** vociferó su existencia con cabeza dura plantándose entre nosotros, haciendo vibrar su nombre, gritando a sangre y fuego desde París y haciendo desenterrar su barba generosa. Quienes en primer término se dieron a la seria tarea de rescatar su imagen y su voz vibrante fue la mirada privilegiada de los mismos artistas del lápiz y la paleta a quienes se la habían negado... rescatando su efigie que habían borrado las imprentas y su nombre que enterraron en las aulas. Pero, **"Betances"** está vivo hoy tras haber sido borrado, ignorado y escamoteado. **(Notas del Dr. Luis Nieves Falcón, director Instituto de Estudios del Caribe en su artículo titulado "El Noble y Primer Ciudadano de Puerto Rico"; Fuente Bibliográfica: "Betances entre Nosotros"; (Pág. 9).**

Un gravísimo error histórico con texto en inglés, encontrado en la página 48 del libro "El Anciano Maravilloso" en torno a sus fechas de nacimiento y muerte cita lo siguiente: **"Death of Dr. Betances": The Cuban Patriot passes away in Paris at the age of sixty-eight. Dr. Betances, the well-known agent of the Cuban revolutionary junta in Paris, died at ten o'clock on Friday evening at the age of sixty-eight (sic). Ramón Emeterio Betances was born at Cabo Rojo, in Porto**

Rico, on April 1, 1830". (The New York Herald, Edición Europea, París, 18 de septiembre de 1898, p.4).

Es justa, necesaria y contundente la bien marcada aclaración histórica de que, "BETANCES", aun cuando luchó a corazón Partido por la independencia de la hermana República de Cuba, **no fue exactamente "un patriota Cubano" por no haber nacido en esa hermana Antilla; sino que fue un "un patriota puertorriqueño" nacido en Cabo Rojo y reconocido ampliamente por su diplomacia y grandes diligencias separatistas a favor de la misma, siendo un Agente del Partido de la Revolución Cubana en París. Y en adelante, no contaba con 68 años a la hora de su fallecimiento, sino con 71 años y medio el pasado 16 de septiembre de 1898). Por consiguiente, su fecha de nacimiento está errónea, pues éste no nació el 1 de abril de 1830, sino el 8 de abril de 1827.**

Betances: El patricio caborrojeño

Intelectual e históricamente hablando, el buen nombre del Dr. Ramón Emeterio Betances y Alacán es harto reconocido mundialmente por su enraizada ideología política revolucionaria tanto de su amada patria puertorriqueña, como de sus otras antillas hermanas. Se le reconoce que fue el promotor de nuestro "Grito de Lares", que fracasó el 23 de septiembre de 1868; conspirador impenitente, antillanista e internacionalista, filántropo decidido y diplomático incansable; pero, más que todo, como **"El Padre de la Patria"**; e indiscutiblemente, **"la más relevante figura del patriotismo puertorriqueño"**. No obstante, absolutamente nadie podría usurparle a nuestro monumental genio **"Betances"** el orgullo y la honra de saberse y sentirse en cuerpo y alma, vida y corazón **"El Patricio Caborrojeño"**, aun cuando hizo de Francia su segunda patria por adopción donde mantuvo residencia durante 45 largos años, y donde también exhaló su último hálito de vida.

El abolicionista

El capítulo de "Abolicionista" en la vida de **"Betances"**, está realmente inspirado en sus creencias de la abolición de la esclavitud debido a su experiencia personal basada en lo que vio en la Hacienda Carmen de su padre, don Felipe Betances Ponce; un comerciante nacido en la Capital General de Santo Domingo, y en el vivir cotidiano de Puerto Rico. Quien era una nativa de Cabo Rojo con ascendencia francesa fue su progenitora, doña María del Carmen Alacán Montalvo.

A tal efecto, en 1856 fundó una "Sociedad Secreta Abolicionista" de naturaleza clandestina. Algunas de estas sociedades buscaban la Libertad y el paso libre de los cimarrones de Puerto Rico a países donde la esclavitud ya había sido abolida, mientras que, otras sociedades buscaban liberar a tantos esclavos como les fuera posible, comprando su Libertad. El objetivo en particular de la Sociedad que fundó **"Betances"**, era liberar niños que eran esclavos tomando ventaja de su necesidad de recibir el sacramento del bautismo en la Iglesia de Nuestra Señora de la Candelaria de Mayagüez. Para aquella época, comprar la Libertad de los niños esclavos costaba 50 pesos si no había sido bautizado, y 25 pesos de no estarlo.

Betances, Basora, Segundo Ruiz Belvis y otros miembros de la Sociedad permanecían junto a la pila bautismal los domingos, esperando que un amo llevara a una familia esclava a bautizar un niño; pero antes de que éste fuera bautizado, Betances o sus socios le daban dinero a los padres, que lo usaban para comprar la Libertad del niño a su amo. El niño, una vez liberado, era bautizado minutos después. Esta acción fue descrita luego de cómo hacer que el niño recibiera las "aguas de Libertad. Eventos similares ocurrieron en la ciudad de Ponce, y entendemos que también en la Iglesia Católica San Miguel Arcángel de Cabo Rojo; cuna de nacimiento del insigne prócer. **(Notas de Wikipedia).** Finalmente, la "Abolición de la Esclavitud" en Puerto Rico fue aprobada por Ley Oficial de la Corte de España el 22 de marzo de 1873; veinticinco (25) años antes del fallecimiento del prócer en Francia, año 1898.

Muerte de Betances

Durante los primeros días del mes de abril de 1898, el Dr. Ramón Emeterio Betances y Alacán, quien padecía de "euremia", una enfermedad causada por la acumulación de sustancias nitrogenadas en la sangre, de congestión pulmonar doble, insuficiencia renal, problemas cardiovasculares y pulmones débiles… se trasladó a buscar reposo absoluto en un lugar seco y cálido de la costa francesa; Arcachon, cerca de Burdeos, experimentando una muy triste y dolorosa agonía durante los últimos días de su física existencia humana, y falleciendo en las afueras de París, Francia el 16 de septiembre de 1898, como anteriormente mencionado.

Lo que sí resultó realmente imponente y extraña fue la manifestación de duelo presenciada por toda la Rue de Chateaudun, donde no fue invitada ninguna persona, ni por los periódicos, ni por las esquelas; pero la prensa de la época afirmó que todo el París notable asistió al sepelio del ilustre humanista que se llevó a efecto el día 18 de septiembre dentro de la más estricta intimidad. De la casa mortuoria el cortejo fúnebre se dirigió al horno crematorio donde se realizó la incineración y sus cenizas depositadas en el histórico Cementerio Pére Lachaise de París, donde permanecieron durante 22 largos años hasta el 1920 en las que fueron trasladadas a su patria puertorriqueña, llegando al Puerto de San Juan el 5 de agosto de ese mismo año en una embarcación de Guerra de la Marina de los Estados Unidos. Tres días después, el 8 de agosto de 1920, los restos del "Patricio Caborrojeño" llegaron a su pueblo natal, Cabo Rojo, donde fueron sepultados en el Cementerio Municipal de aquella época. Doña Simplicia Isolina Jiménez Carlo Vda. de Betances, también regresó a la Isla de Puerto Rico a principios de la década de 1920. De los 71 años y medio vividos, **"Betances"** había pasado 45 en Francia, 19 en Puerto Rico y los 7 restantes peregrinando por el mundo de las Antillas.

Betances
(En mi Poesía Lírica)

****

Poemas clásicos
y afroantillanos

Busto del prócer caborrojeño
Dr. Ramón Emeterio Betances y Alacán

Autora del Busto: Myrna Lluch (2020)
(escultora caborrojeña)

¡Betances desde lo alto!

Un saludo patriótico a Betances
en el Arcano de su trono de oro
a tono con la lágrima que hoy lloro…
por su patria y la mía agonizante.

Yo bien sé que su espíritu aguerrido
revolotea con furia implacable;
ver su isla de lejos insalvable…,
ver su suelo sangrante alicaído.

Ver al pobre y humilde entristecido,
humillado y enfermo en desventura
y no poder sanar tanta amargura…
¡y no poder salvarlo a tal destino!

Hoy me habla el gran Betances firme y recto
desde su dimensión espírita en revuelo;
aún busca dar batalla por su suelo…
dando luz a sus hombres de intelecto.

Porque la Patria ha sido degollada
por infectadas víboras de asecho
que orgullo y dignidad nos han deshecho…
creando una hecatombe en avanzada.

Porque la Patria hierve en la estocada
del poder aplastante del tirano
que a latigazos puros han dejado…
infiernos de pobreza calcinada.

Porque vive con alas cercenadas
la educación de nuestra amada Antilla,
el sueño de progreso es pesadilla…,
las voces de protesta marginadas.

Porque el tesoro de la cuna isleña
es corona de viles malhechores
y no son honorables los traidores…
que usurpan nuestra sangre borinqueña.

¡Oh, el gran Betances caborrojeño
revolución hay en nuestra tierra;
pero tú eres un símbolo de guerra…
y luz de los patriotas caribeños!

¡Oh, Padre de la Patria compungida
que, agónica en desangre va muriendo;
levanta nuestro espíritu cayendo…
¡que libre al fin mi Puerto Rico viva!

7 de abril de 2018
Cabo Rojo, Puerto Rico

A Ramón Emeterio Betances
"El Padre de la Patria"

¡Oh, Betances, "El Padre de la Patria",
llueven flores de lucha en tu memoria;
sigues siendo antillano y de tu historia…
emana libremente pura savia!

Y estás en la conciencia enardecido
como espiga de luz tras la montaña;
cada paso en tu ser fue ardiente hazaña…
de Cabo Rojo a Francia en tu camino.

¡Oh, Betances, de vasta y gran cultura
que a tu fiel intelecto enriqueciste;
honra y orgullo a la -Patria- diste…
con cada gesta histórica de altura!

El oro de tus arcas bendecidas
compró la libertad del negro esclavo
con Ruiz Belvis luchando mano a mano…
salvaste la opresión de tantas vidas.

Pero fue universal tu apostolado
desde Europa a la Patria alicaída;
hombre genio que a ti la medicina…
distinción de científico te ha dado.

A los pobres sumidos en desgracia
con devoción sanaste a toda hora,
y tu alma de cristal fue rompeolas…
que hizo frente a tu vida en fiera marcha.

"Alma Mater" de un sueño enarbolado
que buscó libertad en sus pensares;
fue la gesta de aquel "Grito de Lares"
revolución histórica en lo armado.

La conciencia moral de un pueblo triste
te proclama inmortal, Maestro Betances;
tus libres pensamientos caminantes…
brillan sobre la obra que nos diste.

Hoy Cabo Rojo acuna tus cenizas
sobre el gran corazón que te atesora;
¡Betances, siempre vivo a toda hora…
en la mente hecha luz de esta poetisa!

(Libro: "Betances: El patricio
caborrojeño y abolicionista")
Autora: Myrna Lluch; Año 2022

(Poema declamado por su autora, Myrna Lluch, durante la Conmemoración del "182 Aniversario Natalicio" del prócer caborrojeño, el miércoles, 8 de abril de 2009 frente a su Tumba Monumento en la Plaza de Recreo de Cabo Rojo, Puerto Rico).

A Betances, el prócer caborrojeño

De Cabo Rojo a Francia hay unas huellas
en la pisada histórica de un hombre
cuyo fiel ideal fijó una estrella…
bordada en patriotismo con su nombre.

Portador de emblemático estandarte
como sabio maestro de la ciencia,
honra otorgó a su suelo el gran Betances…
derramando a su paso pura esencia.

Fue toda corazón su lucha ardiente;
fue una ola embravecida su conciencia
y su sueño, una antorcha refulgente…
desafiando el cultivo de la inercia.

Fue su sangre antillana un grito abierto
con eco libertario en la contienda;
fue bravío y aguerrido su intelecto…
¡y su pasión patriótica, despierta!

Fue humano redentor de la pobreza;
cóndor de alas abiertas en cruzada;
fueron humilde espejo sus proezas…
y espinosa y ardida su jornada.

Sabihondo en su pensar legó sus manos
sembrando libertad por los senderos;
hizo volar muy alto el sueño esclavo…
¡y hubo en la Patria fértiles renuevos!

Eminente escultor del pensamiento;
literato de pluma refinada;
astro libre volando el Universo…
¡pues nunca muere su encendida llama!

¡Qué gigante despierto y qué diamante
espigado en el lar caborrojeño;
de oro letras ostenta el gran Betances…
para honra del fulgor puertorriqueño!

(Poema declamado por su autora, Myrna Lluch, el día martes, 8 de abril de 2014 en ocasión de la Conmemoración del "187 Aniversario Natalicio del Prócer Caborrojeño" frente a su Tumba Monumento en la Plaza de Recreo de nuestro pueblo).

Honra y honores a Betances
"El prócer caborrojeño"

(En la Instalación Oficial de su Busto, Museo de los Próceres de Cabo Rojo)

¡Honra y honores para el gran Betances,
hijo ilustre del lar caborrojeño
quien labró por derecho su estandarte…
muriendo empobrecido y sin portento!

Pero dejó sus huellas inmortales
en sembradío de luz a todo tiempo;
"El Padre la Patria" en sus altares…
es nota y pentagrama de concierto.

Con orgullo exaltamos hoy su nombre
y su egregia figura como un hombre
de la historia y la cátedra ilustrada…

Hoy honramos en lo alto su memoria
y allá en el procerato de su gloria…
¡es suyo nuestro aplauso de avanzada!

20 de junio de 2019
Cabo Rojo, Puerto Rico

Mae, yo quiero sabel que'jeso de sel ejclabo

(Escritura y pronunciación fonética afroantillana)

(Poema inspirado en los tiempos de la Abolición de la esclavitud en Puerto Rico, y en el Dr. Ramón Emeterio Betances y Alacán como primer abolicionista caborrojeño. Es un cuadro poético donde un niño negro cuestiona a su madre esclava sobre el significado de la "esclavitud" expresándole sus ansias de libertad).

Mae…yo quiero sabel
qué'jeso de sel elclabo;
qué' jeso e' bibil la bía
silbiéndole al jombre blanco;
si jabel nasío prieto…
ej en la tierra un pecao.

Si ej que semoj diferentej
a toj lo' serej jumanoj;
Mae, yo quiero sabel
qué' jeso de sel ejcablo…
y sel propiá de un dueño
al que hay que ñamale "amo".

¿Pol qué semoj cajtigaoj
po'loj del peyeyo claro?
¿Pol qué semoj jumiyaoj
cual buey que tira el arao?
¡Si yo pol entro soy blanco
y en Dioj apoyo mi mano!

Mae, yo quiero sabel
qué' jeso de sel ejclabo.
¿Ej' jeso ejtal bajo el yugo
del que se cree un rey blanco?
¿Ej' jeso e' yebal la bía
como un perro encadenao?

¿Ej' sentil la calne aldiendo
con loj asotej del látigo?
¿Ej' ejtal bibo muriendo
sin podel jasel reclamo?
Mae… yo quiero sabel
que' jeso de sel ejclabo.

Yo tengo un alma en el pecho
máj grande que la de un blanco,
y tengo toíto el derecho
e' sel libre como un pájaro.
¡Mae… si ejto no telmina,
ujté y yo bamo' a fugalnoj.

Me han dicho quen Cabo Rojo
bibe un jombre quej un santo;
que toa su plata y su oro
se laj gajta en el melcao
comprando ejclaboj negritoj
pa' dejaloj libeltaoj.

Que lucha pa' que loj negroj
no sean nunca máj ejclaboj;
que quiere igualdá e' rasaj,
carimbo y foete acabaoj…
y que se jaga jujtisia
aquí en suelo borincano.

Mae… bamo' a Cabo Rojo;
mae… bámonoj fugaoj,
que no tengo ni libreta
puej la peldí en el arao,
y ej de noche, el amo duelme
y toabía no ha dejpteltao.

¡Mae, mire que ejtoy soñando
que no hay cadena en mij manoj;
que pronto seré jombre libre
como toíto sel jumanoj.

¡Mae… quiero vel a Betansej,
el libeltaol de ejclaboj!

1 de abril de 1986
Ciudad de Nueva York

(Poema declamado por su autora en la Tumba Monumento del insigne prócer caborrojeño, Dr. Ramón Emeterio Betances y Alacán, en Conmemoración de su "179 Aniversario Natalicio" el pasado 8 de abril de 2006).

Libertad para el negrito

(Tributo a Betances)

(Escritura y pronunciación fonética afroantillana)

(Monólogo en verso de corte afroantillano inspirado en una mujer negra esclava que acuna en sus brazos a su criaturita recién nacida mientras le habla dulcemente de **"Betances, el libertador de esclavos"**.

> ¡Ay, negrito e' mi bía, yo me quisiera escapá
> y a la iglesia po' el día, frente a Betansej yegá!
> Nené… ¿qué quién ej Betansej?
> (me preguntan tuj' sojitoj).
> ¡¡Jese sí quej' jombre grande, con un corasón bonito!

> Los rumorej e' la gente aquina en la becindá,
> disen quej' jombre baliente, con mano di almaj tomáj.
> Loj pesoj e' su bolsillo, loj dejtina pa' comprá
> a los niñoj elclabitoj, pa' dale la libetlá.
> ¿Po' qué sonríej, mi negrito? ¡Tú sí entiendej a mamá!

> Pero güelbo y te repito que quiero belte bolá.
> Que noi quiero belte atao a unaj mojosaj cadenaj;
> tú sabej quel jacendao, no noj quiere
> y noj condena.

Tu salbasión ej' Betansej, nené e' mi corazón;
si erej mi negro brillante, y él será tu compraol.
Beo que agitaj tuj brasitoj, abieltoj e' pal en pal;
te sientej cual pajarito… con ansiaj e' libeltá.

Ejcucha, negro angelito, que pronto tú aj e' bolá
afuera o en el bautiso e' la pila bautijmal.
Yo bien sé quel gran Betansej, tu libeltá comprará;
quel blanco asendao arrogante, con gujto te benderá.

Nené, la ejtoria del negro, ba cambiando sin pará,
puej Betansej se ha dijpuejto, la ejclabitú telminá.
¡Jombre grande, mi negrito, quen Cabo Rojo ha nasío;
¡que pensamientoj bonitoj, pa' loj negroj ha traío!

Betansej ej cual Mesíaj, que traerá la salbasión;
mi niño, quien lo diría, quej' un gran libetaol.
Manque yo no sé e' letraj, ni a la ejcuela pude dil,
tengo mi memoria alelta, y ejcucho toíto desil.

Disen quen la medicina, ej un genio el gran Betansej;
que ajta lai fiebre polcina, la quita en un sal pa' lante.
Que atiende a poibrej y ricoj sin la menol dejtinsión,
y que, sin un "ay bendito", ¡también ej un gran dotol!

Nené, la negra e' tu maidre nasió con inteligencia,
y agora llegó el gran Betances, pa' despeltalnoj consencia.
Nené, mi única ejperansa, ej quel patrón jasendao
noj yebe a la iglesia santa... pa' dejalnoj libeltaoj.

Ej un siñol empoltante del que la ejtoria jablará;
¡si ajta dicen quej' el paidre e' nuejtra patria nomáj.
Y también, paidre e' loj poibres, pa' loj enfelmoj curá;
recuerda sempre ese nombre, y no lo olbíej jamáj.

¿Qué te pasa, mi negrito, que te ríej a calcajáj?
¡Cómo brillan tuj' sojitos cuando ejcuchaj a mamá!
Ah, Betansej tiene otro amigo que también ej ricachón,
y loj doj an desidío folmá la rebolución.

Creo que "Ruí Belbi" se ñama y en Jolmigueroj nasió,
y loj dos en la crusada, ejtán bendesíoj pol Dioj.
Parecen soldaoj e' fila ejperando al jacendao…
cuando yegan a la pila del bautismo tan sagrao.

Maidrej con niñoj en brasoj, dejtinaos a sel ejclaboj,
y Betansej colta el laso comprándoseloj a su amo.
Yo quiero, negrito lindo, que la suelte ejté contigo,
librao del doló y el frío, el látigo y el cajtigo.

¡Nuejtra ejperansa ej Betansej, negrito del alma mía;
duelme en brasoj e' tu maidre, mañana será otro día!

8 de abril de 2015
Cabo Rojo, Puerto Rico

(Poema declamado por su autora en el Acto de
Conmemoración del "192 Aniversario Natalicio de
Betances" frente a su Tumba Monumento en la Plaza de
Recreo que ostenta su nombre).

"Mae, yo sé que ujté no lo sabe

(Betances en tu Memoria)

-Poesía a dos voces-
(Escritura y pronunciación fonética afroantillana)

(Este poema con trasfondo negroide de mi autoría original y corte afroantillano, fue dedicado a la memoria póstuma del Dr. Ramón Emeterio Betances y Alacán en ocasión de la Conmemoración de su "195 Aniversario Natalicio", el día 8 de abril de 2022, y, de varios capítulos de su vida en sus gestiones de abolicionista, médico-cirujano y alma mater del "Grito de Lares"; primera gesta revolucionaria del pueblo puertorriqueño acontecida el pasado 23 de septiembre de 1868).

(Narrador)
La negrita viene, la negrita va;
como una centella busca libertad.
Con su madre negra de la mano está;
su lengua incesante le quiere estallar.

(Niña)
Bamoj pa' la iglesia, mae, bámonoj pa'yá;
no quiero que aguante ni un asote máj.
Po' sel negra ejclaba la quien jumiyá…
y hay siñorej güenoj que noj quien comprá.

(Mae)

¿Po' qué sabej tanto, mi niña quería?
Sé que tú nasijte con mi ejclabitú…
pero erej dejpielta…, tenej mucha luj.

(Niña)

Mae, ej que ejtoy soñando, con la libeltá,
y ujté me peldona si ejtoy rebelá;
mi sangre y mi rasa balen mucho máj.

Cabo Rojo tiene a un jombre,
jumilde y e' gran consencia;
Mae, conojco su nombre…,
¡Betansej ejclaboj libelta!

Y sé quej un gran dotol
que cura toítos loj malej;
po' ayá de Fransia yegó…,
¡Mae, yo sé que ujté no lo sabe!

(Mae)

¡Mi negrita linda, la legua me cayaj!
Debe sel un santo el siñol Betansej,
y po' corasón, tendrá un gran diamante.

(Niña)

Con lo' jasendaoj mi oreja se para.
También han jablao un montón
deso del Grito e' Larej…
y Mae, le pido peldón;
yo sé que ujté no lo sabe.

¡Primera revolución
planificá pol Betansej;
"Patria Libre", declaró…
como to' un genio pensante.
Año 1,8,6,8, un 23 e' setiembre;
nuejtroj rebeldej criolloj
a ejpañolej arremeten.

Y fue en el pueblito e' Larej
jesa gran rebolución;
Mae, yo sé que ujté no lo sabe…
pero se lo enseño yo.

(Mae)
¡Ay, negrita de mi alma;
tenej gran enteligencia;
tu mae ej burra e' calga…,
no esijte beldá máj sielta.

(Niña)
Joiga, Mae quería, toíto ejto se ba'cabá;
no quiero que aguante ni un asote máj.
Po'sel negra ejclaba janda ujté jumiyá…
¡y el siñol Betansej, noj ba' libeltá!

22 de marzo de 2022

(Poesía afroantillana declamada por su autora, Myrna
Lluch, en la Conmemoración del "149 Aniversario
Abolición de la Esclavitud"; Plaza Betances, frente a la
"Escultura 1873" dedicada a la Abolición de la Esclavitud;
Cabo Rojo, Puerto Rico).

Pal templo e' la Candelaria

(Escritura y pronunciación fonética afroantillana)

(Monólogo histórico con trasfondo afroantillano, representado por una niña negra esclava del pueblo de Cabo Rojo llamada "Hilaria", que sueña con su libertad. Está basado en la misión humanitaria de los abolicionistas: Dr. Ramón Emeterio Betances y Alacán (caborrojeño), Dr. Basora (mayagüezano), y Segundo Ruiz Belvis (hormiguereño)... en el antiguo escenario de la Iglesia Católica Nuestra Señora de la Candelaria, ciudad de Mayagüez, Puerto Rico, donde los días <domingo> en los abolicionistas que hacían acto de presencia física para comprar y dar la libertad a los niños esclavos que eran llevados por sus amos, los hacendados y sus familias para el sacramento del bautizo en la pila bautismal. Autor del busto de Betances: Edwin Segarra Cardoza (escultor caborrojeño).

(Hilaria canta)
Pal templo e' la Candelaria
en la siudá e Mayagüé,
irá la negrita Hilaria
bailando un cocobalé…
(se repite)

(Narrativa)
Asegún tengo ejcuchao
po' el bembeteo e' mi amo,
que ba'yebal un bayao
e'loj negritos ejclaboj…
al templo e' la Candelaria
en la siudá e' Mayagüé
pal bautiso e' suj almaj,
jasina mejmo ejcuché.

Y que ayá güenoj siñorej
noj ban a ejtal ejperando
con suj realej pol montonej
pa' la libeltá y que dalnoj.
Que uno se ñama Betansej,
y otroj, Ruí Belbi y Basora;
¡son libeltaorej grandej…,
trej ángelej sin corona!

Dise el amo que máj bale
bendelnoj sin bautisá
polque pagan máj realej
y que le conbiene máj…
que antej e' jechalnoj agua
en la pila bautijmal
pa' conbeltilnoj en almaj
e' la mejma libeltá.

Pero ej máj quel día domingo
cuando el amo a de yebal
creo que a mi familia ejclaba
con su criatura pa' yá.
Y que antonsej loj siñorej
del templo e' la Candelaria…
recibirán con jonorej
a su negrita la Hilaria.

Y le pondrán loj realej
en la mano e' mi familia
pa' queyoj mejmoj le paguen
al amo con gran delicia.
Puej una bej libeltao
el que fuese un ejclabito,
era dijpué bautisao
sin jabel más requisito.

Tanto a ese ángel Betansej,
como a Ruí Belbi y Basora,
loj piej tendré que besale
cuando me yegue mi jora.

Y jeso no ej toa la ejtoria,
también a los cimarrones
le dan ejperansa y gloria
e' libeltá sin temorej.
Pa' que al paso libre fueran
a otroj paísej del mundo,
felisej y sin cadenaj…
pa' su bienejtal profundo.

Puej yo, dejde Cabo Rojo
a Mayagüé bolaré
con mi alma puejta en loj sojoj
y a Betansej bujcaré.
Quese sí ej mi compueblano
con su balba generosa,
y le besaré la mano
po' mi libeltá presiosa.

Dejto sí quej un mamey,
ya lo tengo tó cuadrao;
ojalá que al blanco rey
no se le jaya olbidao.
Eah rayetej, mi cocote
tengo a punto e' rebental,
que mi amo no se rebote…,
¡ay que al domingo ejperal!

(Hilaria canta)
Pal templo e' la Candelaria
en la siudá e' Mayagüé,
irá la negrita Hilaria
bailando un cocobalé…

Pal templo e' la Candelaria
en la siudá e' Mayagüé,
irá la negrita Hilaria…
bailando un cocobalé.

4 de julio de 2022
Cabo Rojo, Puerto Rico

Myrna Lluch

"Musa Afroantillana"

Sifredo Lugo Toro
{Zahorí}

{En mi Poesía Lírica}

Perfil histórico

A raíz del fallecimiento de nuestro insigne prócer caborrojeño, don Salvador Brau y Asencio el pasado 5 de noviembre de 1912, acto seguido, cinco meses después el 7 de abril de 1913, nació quien habría de convertirse en otro insigne prócer más de nuestro pueblo para la historia: **DON SIFREDO LUGO TORO {Zahorí}.** Y ambos hijos ilustres, Brau y Lugo Toro, fueron de formación intelectual autodidáctica.

"Zahorí" fue el pseudónimo seleccionado por nuestro genio polifacético de artes y letras, que significa "la luz detrás de las tinieblas". Por consiguiente: "una persona a quien se le atribuyen facultades ocultas". Nació y vivió toda su vida en una pintoresca casita colonial de dos niveles pintada de verde y blanco en la Calle Eugenio María de Hostos #43 de Cabo Rojo, desempeñándose como: pintor, escritor, diseñador, editor e historiador. Trabajó todas las variantes o géneros de la literatura que comprenden: verso, prosa, ensayo, cuento, estampa, semblanza, crónica, crítica y periodismo. Fue músico clásico de la Mini-Orquesta "Blue Moon", (1937), y de la segunda Banda Escolar de Cabo Rojo dirigida por don Herminio Brau.

Desde 1964, escribió un total de 27 libros, y pintó más de 300 óleos. Fundó, cofundó y administró tres industrias caborrojeñas de prestigio y capital reconocido a nivel isla. Trabajó para el Departamento de la Guerra, y para empresas norteamericanas y del patio. Se defendió en dos idiomas: el inglés y el español. Ha sido laureado por el Instituto de Literatura Puertorriqueña y fue reconocido por un centenar de entidades culturales. La Administración Municipal de su pueblo le honró en vida humana dedicándole la "Sala de Estudio, Biblioteca y Galería" que lleva su pseudónimo

"Zahorí", ubicada en el Museo de los Próceres de Cabo Rojo. Editó y coeditó los voceros: "Fiat Lux", "El Faro" y "El Hacha", responsivos del pálpito cultural de la Cuna de Betances. Junto a otros 11 compañeros poetas de aquella época, en 1967 fundó el Círculo Literario Caborrojeño, donde la poeta adolescente, Myrna Lluch y la más joven en edad ya que contaba con 17 años en aquel entonces, fue acunada bajo las alas protectoras de don Sifredo Lugo Toro {Zahorí}, su entrañable y fiel amigo, mentor, maestro, compañero de bellas artes, guía intelectual y padre espiritual durante 43 largos años ininterrumpidos hasta la hora final de su partida terrenal el pasado 3 de octubre de 2010.

Su obra monumental, escrita y publicada en libros de versos y prosa poética ponen de manifiesto la calidad, excelencia y profesionalismo único de su brillante y depurada pluma literaria: Aljibe, Quinqué, Fanal y Zahorí (Poemarios); Estampas de Cabo Rojo (Tomos I y II); Diez Anuarios Antológicos de Cabo Rojo (1975-1985); Panfleto: Génesis de un Pueblo, Panfleto: Efemérides Columbia (Incógnita); obra del poeta don Lino Lucena Zapata (Dos Tomos); Caracol (Corno de Nácar), Memorias, Ruiseñorío (Poemario de Serapio Avilés), Estampas de Cabo Rojo (Tres Tomos en Uno), Los Motivos de Zahorí, Antesala al Milenio, Surcando Mares de Emoción y Ensueño, Cuando se Rompa mi Voz, Mirabile Dictu, Linterna de Oro. Consumatum Est, Canto de Cisne y Coquí. En sus escritos abunda la temática histórica como reflexiva, puntos de vista, óbitos, rol del hombre y sus yerros, gráficas y humanidades. Su pensamiento filosófico favorito fue: **"Satisface más la gracia de servir que el placer de ser servido"**.

Fotografía Histórica Residencia
del Prócer Caborrojeño
don Sifredo Lugo Toro {Zahorí}

Don Sifredo Lugo Toro (Zahorí) es el genio escritor y artista que justipreció y exaltó con sus brillantes escritos y publicaciones la obra literaria y semblanzas históricas de innumerables poetas, escritores y mujeres eminentes de alta distinción en nuestro pueblo. Los Tomos I, II y III de las "Estampas de Cabo Rojo" (1972, 73 y 74), componen las más excelentes fuentes bibliográficas relativas a históricas y exquisitas estampas costumbristas que inmortalizan nuestros personajes típicos e ilustres de pueblo. Como dicho anteriormente, fue sobresaliente músico de cornetín de la "Mini-Orquesta Blue Moon" para el año 1937 en Cabo Rojo, destacándose sobremanera con sus ejecuciones musicales durante relevantes acontecimientos sociales y culturales por petición directa de miembros de la alta sociedad de nuestro pueblo.

Como veterano artista de pinceles, su majestuosa y abundante creación y producción de obras pictóricas ha recorrido los cuatro puntos cardinales de Puerto Rico donde inmortalizó edificios y monumentos históricos tales como: La Ermita San José (demolida en 1924), El Faro de los Morrillos de Cabo Rojo (que sirve de elegante e histórica portada a este libro), Logia Cuna de Betances, La Glorieta e Iglesia Porta Coelli (de San Germán). Adicionalmente, fue un extraordinario pintor paisajista inspirado en hermosas obras pictóricas que enriquecen e inmortalizan parte de nuestro escenario panorámico caborrojeño: Playa el Combate, Atardecer de Oro, La Casucha, etc., que engalanan con carácter de permanencia las paredes de la "Biblioteca y Sala de Estudio Zahorí" en el Museo de los Próceres de Cabo Rojo... incluyendo el óleo de don Luis Muñoz Marín y su magnífico "Autorretrato".

Como aguerrido defensor justiciero, dedicó la mayor parte de su vida a la dinámica presidencia del "Comité Pro Rescate de Cabo Rojo", y en sus abundantes escritos y artículos periodísticos publicados en diversas revistas y rotativos del país defendió a capa y espada nuestros monumentos históricos y valores artísticos y culturales de nuestro pueblo. Este ilustre caborrojeño, es indiscutiblemente en nuestra historia de pueblo y en la máxima diversidad de nuestra literatura puertorriqueña e hispanoamericana, un formidable literato de alto vuelo poético e intelectual, quien en vida humana siempre me vio, me respetó, me elogió, me admiró y me sintió alma adentro como su amada discípula, hija adoptiva y sucesora de mano y obra en calidad de gestora cultural activa de Cabo Rojo... adjudicándome título y corona como: **"La Lola de Cabo**

Rojo". Y el <gran maestro> murió de pie como los árboles y con las botas puestas… como genial hombre escritor y artista caborrojeño, y como fiel exponente y defensor justiciero de todo aquello que es buen arte, cultura, literatura e historia caborrojeña.

Su lamentable muerte física aconteció el pasado domingo, 3 de octubre de 2010 en el Hospital La Concepción de San Germán, Puerto Rico cuando el longevo prócer contaba con 97 años y medio de edad. Su velatorio oficial tuvo como escenario la Casa Funeraria Valle en la Calle Luis Muñoz Rivera de Cabo Rojo el pasado martes, 5 de octubre de 2010, donde esta humilde <Lola Caborrojeña> organizó y le rindió un merecido "homenaje póstumo de pueblo" con la participación de varios oradores, poetas y cantantes a la altura de la memoria de nuestro ilustre caborrojeño.

El pasado miércoles, 6 de octubre de 2010, la Administración Municipal de Cabo Rojo en aquel entonces, y su alcaldesa, Hon. Perza Rodríguez Quiñones también rindieron <Tributo Póstumo> al prócer, exponiendo sus restos en el área de la Rotonda del Museo de los Próceres donde hubo montaje de seguidas <Guardias de Honor>.

En adelante, el cortejo fúnebre acompañado de bellas danzas puertorriqueñas, fue transportado hasta la que fuese su amada e histórica residencia colonial de la Calle Eugenio María de Hostos #43, donde el ataúd portador de sus restos fue colocado por varios minutos en la sala donde éste disfrutó los momentos más felices de su existencia humana compartiendo tertulias poéticas de bohemia elegante con grandes figuras de nuestra elite intelectual puertorriqueña. Fue sepultado ese mismo día (miércoles, 6 de octubre de 2010) en su majestuosa "Tumba Monumento", Cementerio San Miguel Arcángel de Cabo Rojo.

Don Sifredo Lugo Toro {Zahorí} es… ¡un prócer para la historia! Y su pueblo le debe lo que, únicamente podría pagarle con el máximo respeto, consideración, preservación, exposición y difusión del tesoro inigualable de su valiosa y significativa obra de arte, cultural e historia a favor de su cuna de nacimiento y toda su gente. Cabo Rojo debe a don Sifredo Lugo Toro {Zahorí}… una gran cantidad de sus millonarias páginas de historia pasada y contemporánea. Este libro que, con gran orgullo y patriotismo en esencia hoy he publicado, rinde honor a quien honor merece en el trono del nuestro procerato caborrojeño y puertorriqueño…

Fotografía histórica

La histórica imagen representa el amoroso abrazo paterno filial entre el ilustre caborojeño, don Sifredo Lugo Toro {Zahorí}, y su amada poeta e hija adoptiva, Myrna Lluch (su Lola Caborrojeña), toda vez que concluyó con éxito la Inauguración del Monumento a don Salvador Brau y Asencio y, la Primera e Histórica Conmemoración del "164 Aniversario Natalicio del Prócer". (11 de enero de 2006).

La última fotografía histórica
de Myrna Lluch

Junto a su gran mentor y maestro-prócer
don Sifredo Lugo Toro {Zahorí}

La imagen representa a la laureada escritora, artista, periodista y gestora cultural caborrojeña, Myrna Lluch (izquierda) junto a su ilustre compueblano, don Sifredo Lugo Toro (Zahorí), donde ésta realizó su primera exposición de arte pictórico titulada "Mi Cabo Rojo Colonial", Escuelas de Bellas Artes J.LM. Curry, hoy día Edificio María Civico) en Cabo Rojo, Puerto Rico el pasado sábado, 28 de noviembre de 2009. En el centro al fondo, el cuadro de la residencia colonial de "Zahorí" obra pictórica de Myrna Lluch. Cabe señalar que fue mi última fotografía tomada junto a mi gran mentor y maestro.

¡Zahorí, eternamente vivo!

(Soneto)

Eternamente vivo en los portales
de mis musas históricas al viento;
eternamente vivo en los cristales…
de tu obra magistral y monumento!

Cabo Rojo, dormido entre las sombras
no te ha dado estatura ni grandeza,
y es escaso aquel labio que te nombra…
¡pero mi fuego aviva tus proezas!

¡Zahorí el Prócer, eternamente vivo
el genio intelectual de mil caminos
donde llegaste al trono de tu gloria!

Si tu pueblo no exalta tu figura
yo escalaré aguerrida sol y luna…
¡por tu brillo inmortal en nuestra historia!

3 de octubre de 2022
Cabo Rojo, Puerto Rico

Fotografías Históricas
Develación Busto del Prócer Caborrojeño
don Sifredo Lugo Toro {Zahorí}

Las imágenes de la composición fotográfica en la página anterior representan el momento histórico de la "Develación del Busto" del Insigne Prócer Caborrojeño, don Sifredo Lugo Toro {Zahorí} en la Concha Acústica don Santos Ortiz Montalvo, Plaza de Recreo Ramón Emeterio Betances y Alacán, Cabo Rojo, Puerto Rico el pasado sábado, 13 de abril de 2019. Autores de la gesta histórica: Edwin Segarra Cardoza (escultor), y Myrna Lluch (autora intelectual). Este magno evento cultural e histórico de pueblo, contó con el marco musical de prestigiosa Banda Cultural Herminio de Cabo Rojo.

Myrna Lluch, autora intelectual de tan relevante gesta histórica tuvo a cargo la brillante y depurada disertación de la vida y obra del prócer.

En la participación poética se destacaron: Digna Lagares (poeta ponceña), Millie Díaz (poeta peñolana), Jorge Martínez (escritor caborrojeño), Angel Pabón Plaza (poeta y declamador caborrojeño), y esta humilde autora y poeta, Myrna Lluch.

El talentoso actor ponceño, Luis Guadalupe, abordó el escenario con una fiel y excelente encarnación teatral de nuestro prócer caborrojeño, donde entregó al público asistente el -Mensaje Cósmico- de Zahorí en agradecimiento espiritual a su gran homenaje.

El único miembro asistente la Familia Lugo-González, fue el hijo biológico del prócer, Lester Lugo González, quien emitió su mensaje de agradecimiento.

Espíritu de Zahorí

(En Conmemoración
de su Décimo Aniversario Póstumo)

¡Zahorí, en tu iridiscente vida cósmica
tu espíritu extasiado y complacido
ve su estela de astros y de glorias…
y el campanario justiciero henchido!

Hoy tu calle galana siembra historia;
hoy tu nombre inmortal iza su asta;
hoy tu obra y tu póstuma memoria…
¡engrandecen tu cuna que te exalta!

Y hay pregón de justicia merecida
tras mi década de luchas aguerridas
donde jugué mis <ases> por tu trono…

Hoy sea mi gratitud a los canales
Que, tras tantas vividas tempestades…
¡te aúpan al procerato en Cabo Rojo!

13 de septiembre de 2020
Cabo Rojo, Puerto Rico

¡Zahorí! … ¡Espíritu agradecido!

(Soneto)

¡Zahorí!
Tu espíritu afloró en mis sueños
al filo de madrugada
sonriéndome desde adentro…
y en gratitud tu mirada.

Tu mano enlacé a la mía
y a tu voz mis pensamientos;
tu ser de luz ya sabía…
mi rumor de alas al viento.

Que ya no es vana retórica
y tu entorno en zona histórica
irradiará advenimiento…

¡Tu escenario de justicia
donde emergió tu primicia…
de hombre ilustre en nuestro pueblo!

27 de julio de 2020
Cabo Rojo, Puerto Rico

Fotografías Históricas
Rotulación Oficial
"Zona Histórica Sifredo Lugo Toro / Zahorí"

Las imágenes de la composición gráfica en la página anterior representan el momento histórico de la Rotulación Oficial en la Calle Eugenio María de Hostos de Cabo Rojo (frente a la residencia del prócer #43) declarada "Zona Histórica Sifredo Lugo Toro {Zahorí}. Mi agradecimiento real para el entonces alcalde, Sr. Roberto Ramírez Kurtz, y la Sra. Evelyn Alicea González, ex presidenta de la Legislatura Municipal por su apoyo municipal en la feliz culminación de mi gestión cultural. (2 de octubre de 2020)… después de tres (3) años de perseverancia constante ante servidores públicos en el Ayuntamiento del pueblo.

Este magno evento histórico de pueblo fue realizado exitosamente en pleno tiempo de pandemia, Covid-19, por lo cual, es realmente agradecida la participación activa de todos aquellos escritores y artistas que gentilmente nos acompañaron: Fernando Bonilla (cantante y guitarrista), Digna Lagares (poeta ponceña), Jorge Martínez (escritor y declamador), Diana Del la Torre (educadora y pintora), Edwin Segarra Cardoza (escultor), Rosita Lluch (auspiciadora), etc.

Bajo estrictas medidas de seguridad ante la terrible pandemia del Covid-19 arrebatando cuantiosas vidas humanas en todo el Planeta Tierra, el magno evento cultural e histórico fue todo un éxito en "tributo de Recordación" a la memoria póstuma de nuesto insigne prócer del tercer milenio: don Sifredo Lugo Toro {Zahorí}.

El Premio
"Sifredo Lugo Toro / Zahorí"

El "Premio Sifredo Lugo Toro {Zahorí}, que honra y enaltece la memoria póstuma del insigne caborrojeño y exalta el prestigio de nuestra bandera cultural e histórica de pueblo, fue creado por la autora de este libro; escritora, artista, periodista y gestora cultural, Myrna Lluch, el pasado 7 de enero de 2023 a tres meses exactos de la Conmemoración de su "110 Aniversario Natalicio" el día 7 de abril del mismo año; fecha que siempre ha transcurrido inadvertida ajena e indiferente entre la cultura política de su cuna de nacimiento, sin tomar en consideración moral, educativa e intelectual la monumental aportación y legado que éste dejó a las bellas artes, cultura e historia de nuestra llamada "Cuna de Próceres" a la hora de su partida al cumplirse la primera década del Tercer Milenio el pasado 3 de octubre de 2010.

Su objetivo primordial es el de honrar en vida humana los grandes talentos de nuestro pueblo que se han destacado en las diversas manifestaciones de las bellas artes y en el campo de la educación. Por consiguiente, los futuros recipientes de tan relevante galardón deberán cumplir con el requisito mayor que, es el de su relación similar a los talentos y al buen nombre que ostenta el mencionado premio.

La primera Gala del prestigioso Premio Sifredo Lugo Toro {Zahorí} fue coauspiciada por el Sr. Federico Pérez Marty y la Sra. Rosita Lluch y, tuvo como histórico escenario la pequeña sala de la "Academia de Teatro Zahorí", Casita Mata con Hacha {Casa Museo Myrna Lluch), Calle Quiñones #59 de Cabo Rojo, Puerto Rico…

con 12 distinguidos caborrojeños e isleños homenajeados: Profa. Virgen Alvarado (Categoría: Música), Banda Cultural Herminio Brau (Categoría: Música), Fernando Bonilla (Categoría: Música), Edwin Segarra Cardoza (Categoría: Escultor), Diana De la Torre (Categorías: Educación y Arte Pictórico), Digna Lagares (Categoría: Literatura), Jorge Martínez (Categoría: Escritor), Profa. Nellys Gómez Lugo (Categorías: Educación y Literatura), Ex profesora Elizabeth Vidal (Categoría: Educación), Jerjes Medina Albino (Categorías: Bellas Artes e Historia), Federico Pérez Marty (Educación y Liderato Hispano), y Jorge Silvestry Torres (Categoría: Locución Radial).

La segunda Gala del prestigioso Premio Sifredo Lugo Toro {Zahorí} contó por segunda vez con el coauspicio de las hermanas Rosita y Myrna Lluch siendo 10 los escritores y artistas homenajeados a nivel local e isleño: Sammy Rubio (Categorías: Música y Literatura), Arlene Vidal de Ortiz (Categoría: Cultura e Historia), Héctor J. Hoyos Ortega (Categoría: Arte Pictórico), Sifredo Antonio (Coco) Nicolai Rodríguez (Categorías: Arte Pictórico, Música), Orquesta de Roberto Ortiz (Música), Carmen Flores (Categoría: Literatura), Dra. Soraya Lagares (Categorías: Educación, Arte Pictórico y Literatura), Millie Díaz (Categoría: Literatura), Ordonel Espinosa (Categoría: Arte Pictórico), y Miguel Nicolai (Categorías: Arte Pictórico y Educación).

Uno de instantes más relevantes de la segunda "Gala de Premiaciones", fue la "Develación del Retrato de don Sifredo Lugo Toro "Zahorí"; exquisita obra de arte pictórico cuyo autor es el veterano artista de pinceles, Ordonel Espinosa, que también figuró entre los homenajeados.

Durante el pasado año 2023, dos "Ceremonias de Premiaciones" fueron realizadas exitosamente por la presidenta y fundadora del Premio, Srta. Myrna Lluch; pero en adelante, sólo habrá una entrega de premios durante la primera semana del mes de octubre de cada año natural dedicada a nuestro insigne prócer caborrojeño, **don Sifredo Lugo Toro "Zahorí",** en tributo de recordación y conmemoración de aniversarios tras su viaje final hacia la vida cósmica el pasado 3 de octubre de 2010.

La imagen representa al veterano pintor, Ordonel Espinosa, nativo del pueblo de Hormigueros, Puerto Rico y autor del retrato al óleo de nuestro insigne prócer caborrojeño, Sifredo Lugo Toro "Zahorí", que fue develado oficialmente el pasado domingo, 1 de octubre de 2023 en la segunda gala de premiaciones, y donado a la Galería de Arte Pictórico de la Casita Mata con Hacha (Casa Museo Myrna Lluch), Calle Quiñones #59, Cabo Rojo, Puerto Rico.

¡Palma azul!

(Soneto)

¡Zahorí! ¡Palma azul gigante!
Para ti mi honra y honores;
tú eres fuente del diamante…
lustrado en tus dimensiones.

Tan azul cual mar y cielo,
tan bravío cual tu intelecto;
tu vuelo sabio y directo…
es invaluable en tu suelo.

Son tus copas de buen vino
rociado por tu camino
repudio en otras manadas…

Pero yo te hago justicia
con vanguardia y fiel milicia…
¡en Cabo Rojo y sus gradas!

27 de febrero de 2020
Boquerón, Puerto Rico

¡En tu pedestal de gloria!

(Soneto Instalación del Busto de Zahorí en el Museo de los Próceres)

¡Es tuyo ahora el pedestal de gloria
hombre eminente y genio de las letras;
se ha escrito otra página de historia…
y tu silente espíritu despierta!

Hay sonar de trompetas justicieras
y astros de imponente iridiscencia;
hoy es tuyo el Cenit y su lumbrera…
¡el pomo de diamantes y su esencia!

Fue aguerrida mi lucha y alegatos
pero al fin ya alcanzaste el procerato
y un meritorio pedestal de gloria…

Hoy Cabo Rojo en gran festejo
se refleja en tu espíritu y espejo…
¡Zahorí, lustrado prócer de la historia!

20 de junio de 2019
Cabo Rojo, Puerto Rico

¡A Zahorí, el prócer caborrojeño!

(Soneto en Conmemoración Noveno Aniversario de tu Partida Terrenal)

Yo celebro tu vida, hombre ilustre
junto a Brau y Betances en tu gloria,
pues Cabo Rojo no te ha dado el lustre…
que amerita el legado de tu obra.

Siempre sola yo izando tu bandera
con titánica lucha militante;
tu nombre ha padecido vil sordera…
en mi pueblo y sus mudos gobernantes.

Tú, que luchaste como genio y fiera
con tinta y pluma abierta en toda esfera
sólo yo te recuerdo en tu partida…

Pues cual Brau y Betances eres historia
y aun Cabo Rojo no te otorga gloria…
¡levantando tu nombre en una esquina!

3 de octubre de 2019
Boquerón, Puerto Rico

¡Zahorí! El prócer del tercer milenio

(En Conmemoración del Séptimo Aniversario de tu Vida Cósmica)

Hoy me parece ayer tu despedida
danzando alas doradas de águila gigante;
buscando eterna luz y nueva vida…
¡tu nívea dimensión espiritual lograste!

Tras esa transparencia en mi retórica
ya eres un eres un ser de luz iridiscente;
has legado a tu pueblo huella histórica…
¡pero duele el olvido de tu gente!

Soy tu <Lola> y sigo en pie aguerrida
con tu capa, tu espada y tu linterna;
controversial, jugándome la vida…
con mi verbo filoso y con mi lengua!

¡Cuánta sabiduría tú me legaste,
Zahorí, mi amado y gran mentor maestro;
en tu escuela de honor me acicalaste…
y diste a mi diamante pulimento!

Eres de Cabo Rojo impresa historia
como Brau y Betances en sus tiempos;
tu genio y bellas artes lucen gloria…
¡y honras el procerato de tu pueblo!

Pero aquí hay sembradío de indiferencia
y de apatía a tu legado histórico,
mientras yo doy batalla por tu esencia…
veo el culto al intelecto catastrófico.

Hombre ilustre, por ti clamo justicia;
sea patriótico honor tu natalicio;
sea el 7 de abril fecha y milicia…
¡y Cabo Rojo sea puntal de inicio!

Bien sea la Calle Hostos declarada
"Zona Histórica" honrando tu memoria;
que sea tu vida y obra perpetuada…
¡en páginas doradas con tu historia!

Con tu egregia figura relevante
sea tu -Busto- honorífica escultura;
Zahorí, genio vivo de letras y artes…,
¡de nuestros próceres, igual en estatura!

Tu voz fue canto de coquí glorioso,
tu pluma una verdad enarbolada;
tu nombre firme, hidalgo y decoroso…,
¡tu obra sin parangón, perenne llama!

Con mi puño cerrado en militancia
pregono a viva voz que en Cabo Rojo
no se olvide la historia y resonancia…
¡del ilustre Sifredo Lugo Toro!

Que aquí el <mata con hacha> tiene historia
no importan los cerebros atrofiados;
¡yo doy honra y honor a la memoria…
de Zahorí, nuestro prócer ilustrado!

3 de octubre de 2017
Cabo Rojo, Puerto Rico

Soneto de la batuta

(A la Memoria de Zahorí)

El mentor y maestro Zahorí
ha legado a mi ser su batuta;
su verdad justiciera en disputa…
y su cántico fiel de coquí.

Yo mi capa y espada empuñé
porque sola me vi en la contienda,
batallando inclementes tormentas…
yo mis botas de hierro calcé.

No es pecado el clamor de justicia
con un verbo inmortal de milicia
que estremezca dormidas conciencias…

De la vida el teatro es primicia
y aun quedamos mujeres patricias…
¡con batuta impregnada en esencia!

30 de noviembre de 2016
Boquerón, Puerto Rico

A Sifredo Lugo Toro "Zahorí"

(En la Celebración y Conmemoración del Centenario Aniversario de su Natalicio 7 de abril de 2013)

Grita mi ser de "Lola" solitaria
en las gradas terrestres que dejaste,
pero un timón de luz sobre mi barca…
me anuncia que jamás me abandonaste.

Fue que sólo volaste a la existencia
del lumínico sueño eternizado
legándome pinceles de sapiencia…
y el furor de tu fiel apostolado.

Porque tu fiero espíritu acompaña
la huella intelectual de mi carruaje;
su vuelo desde el llano a la montaña…
sólo indica que el genio está de viaje.

Otras veces te veo en tu trono alado
junto a Dios y su fuente cristalina,
con tu obra literaria en el costado…
y tu linterna de oro que ilumina.

De tus manos aun brotan mil pinceles
que iridiscentes lienzos van creando;
yo levanto banderas y carteles…
¡para honrarte, Zahorí, en tu centenario!

Si la memoria de tu pueblo olvida
que eres hombre inmortal para la historia,
yo levanto mi antorcha en llama viva…
¡y honra le doy, Zahorí a tu memoria!

Porque eres trilogía de procerato
y el cultivo eminente en Cabo Rojo,
yo levanto mi voz en alegato…
¡para honrarte, Sifredo Lugo Toro!

Sigo siendo tu "Lola" en la batalla
de las artes, la historia y la cultura;
tengo pico y espuelas con agallas…
¡defendiendo tu nombre y tu estatura!

De festejo el Cenit del Universo
engalana con astros su santuario
y el fuego de mi pluma hoy es inmenso…
¡para honrarte, Zahorí en tu centenario!

7 de abril de 2013
Boquerón, Puerto Rico

El coquí caborrojeño

(A Sifredo Lugo Toro / Zahorí)

"Coquí" que con voz de oro
vas cortando toda hilacha;
gran "Coquí" de Cabo Rojo…,
fiel bardo "Mata con Hacha".

Y el filo del bisturí
enmudece otras gargantas;
tú el poeta y tú el "Coquí"
que a la luz del día nos cantas.

Orgullo de nuestro pueblo
"Coquí" que con pluma de oro
desentierras a los muertos…
en tu historia hecha tesoro.

No habrá otro "Coquí" más grande
que cantarle al mundo pueda;
tú, el Zahorí de voz gigante…
¡sin parangón tu lumbrera!

Gran "Coquí" caborrojeño
revestido en tu bandera;
ilustre prócer isleño…,
¡Coquí inmortal de mi tierra!

27 de diciembre de 2007
Cabo Rojo, Puerto Rico

Cofresí y Zahorí

(Ante un rumor flotante)

En confusión y distorsión histórica
late un parco cerebro en Cabo Rojo
que a Zahorí no respeta su retórica…
y a Cofresí lo aplaude por su arrojo.

Y no puede ostentar perlas de gloria
un pirata rufián y sanguinario;
Cofresí sólo es símbolo de escoria…
y una lacra no cabe en un santuario.

Pero Zahorí es diamante de cultura,
literato y artista refinado
cuya obra es ejemplo de hermosura…
y su verbo brillante y depurado.

El pirata calzó sangrientas botas
y su espada pintó en rojo el océano;
Zahorí calza sandalias que, con notas…
de música y poesía ha iluminado.

¡Que nadie intente arrebatar el nombre
que Zahorí a la cultura le ha ganado;
Sifredo Lugo Toro es genio hombre…,
Cofresí, atroz pirata fusilado!

3 de abril de 2009
Cabo Rojo, Puerto Rico

Ilustres Caborrojeños Distinguidos

***

En nuestra historia de pueblo

Tributo de recordación
a otros caborrojeños ilustres de su época

Es bien sabido que, en todos los pueblos y países del mundo, en todos los siglos y en todas las épocas contamos con innumerables hombres y mujeres ilustres que se han destacado sobresalientemente, de una u otra manera en sus respectivos campos de trabajo y en sus ejecutorias. Esos llamados genios de la inteligencia natural en su época (y no de la inteligencia artificial contemporánea), fueron grandes seres humanos rectos, disciplinados, respetados y valorados como grandes intelectuales; también hombres y mujeres eminentes y de alta distinción que, debieron haber sido designados a ocupar un sitial en el trono del procerato caborrojeño. Hicieron historia en su momento, y después fueron olvidados y archivados lamentablemente en los cerebros vagos de una cultura pueblerina desmemoriada... aunque sus biografías y fotografías aparecen publicadas en diversas fuentes bibliográficas. El hecho es que, Cabo Rojo nos los nombra, ni le rinde tributo de recordación a su memoria; y la dejadez, la apatía y la indiferencia cultural e histórica es tanta que, yace ahorcada en los laberintos mentales y oscuros de tanta gente. Y con esto, respetuosamente, me refiero directamente a aquellos, quienes deberían tener el menester moral, cultural, histórico e intelectual para hacerlo.

Es harto evidente, que los altos funcionarios públicos de las llamadas jerarquías gubernamentales (municipales) en los "Ayuntamientos" de los pueblos, delegan por compromiso obligado a sus equipos de trabajo para tales funciones culturales cuando les llega su hora de abordaje... ¡para salir del paso! Gloria a Dios que, nosotros, los escritores, artistas, historiadores, periodistas y gestores unidos de los pueblos, somos realmente quienes mantenemos el prestigio de nuestras banderas culturales en alto a tal efecto, y a lo largo de nuestra existencia humana.

Este valioso y significativo libro con trasfondo cultural e histórico que me honro en haber publicado, en primer término, es bien notorio que destaca a dos de los grandes próceres más reconocidos y celebrados en la historia de Cabo Rojo: Salvador Brau y Asencio y el Dr. Ramón Emeterio Betances y Alacán. Por consiguiente, y en la misma categoría de prócer del Tercer Milenio a: Sifredo Lugo Toro {Zahorí}, en quien abundo mucho más con autoridad impuesta, ya que, es el ilustre caborrojeño que más atención y reconocimiento amerita en este siglo XXI, por ser el más reciente en nuestro acontecer histórico pueblerino.

Pero, mi gran anhelo como escritora, artista, periodista y gestora cultural caborrojeña, es incluir en las páginas históricas de este libro… los nombres y fotografías de otros tantos ilustres caborrojeños distinguidos, y a otros tantos talentos rezagados al anonimato público, a quienes debemos un gran tributo de recordación por haberle legado a nuestro pueblo relevantes páginas de historia en su momento de preciada luz terrena. Hoy día, y en el año 2024 en curso, muchos de ellos han pasado a su conversión de seres de luz en la dimensión espírita.

Tributo de recordación
A literatos caborrojeños fallecidos

Lucía Rodríguez (poeta), Rafael Silva Brau (poeta), Ramón Ibern Fleytas (escritor), Santos Morales (poeta), Enrique E. Acevedo Cruz (poeta), Juan Ezequiel Comas Pagán (poeta), Lcdo. Natalio Encarnación (poeta), Martín Aguilar Rodríguez (poeta), Reinaldo Silvestri (poeta y periodista), Rafael Pagán del Toro (poeta), Yayín Fas (poeta), Enrique Silva Urrutia (poeta), Eneida Luciano (poeta), Juan P. Quiñones (poeta), Linco Lucena Zapata (poeta), Sebastián Figueroa Hernández (poeta y declamador), José (Vésper) Vanga (poeta), Angela E. Colberg de Wiscovitch (poeta), Juan E. Comas Pagán (poeta), Don Herminio Brau del Toro (poeta), Migda I. Martínez Padilla (poeta), Pedro Juan Boscio (escritor), Juan Ramón Crespo (poeta), Ricardo del Toro Soler (poeta), Abdiel Colberg (poeta), Josefa Campiz Carlo (poeta), Emilio del Toro Cuevas (poeta), Hiram Ramírez Campiz (poeta y benefactor cultural de las bellas artes), Dra. Ursula Acosta (escritora, hija adoptiva de Cabo Rojo), Jaime Comas Pabón (declamador clásico), Edelmiro Rodil (Declamador clásico), Palillo (declamador clásico), Edgar Matos (poeta), Patria Carbonell (poeta y declamadora).

Edilberto (Patoto) Irizarry Acarón (poeta), Carlos Eneri Avilés (poeta y declamador), Serapio Avilés (poeta), Carmen Eneida Seda (poeta), Dr. Ramón Zapata Acosta (poeta), Norma Matos de Cardel (poeta y cuentista), Cayetano Acosta Almodóvar (poeta), Julio A. Toledo (poeta), Antonio Toro Avilés (poeta), Juan Enbrique Colberg (poeta), Andrés E. Colberg Cabrera (poeta), Mildred Arroyo Cardoza (educadora y compositora).

Mención de Honor
Literatos caborrojeños sobrevivientes
(Año 2024)

Dr. Jessé Román Toro (novelista), Luis Asencio Camacho (novelista), German William Cabassa Barber (novelista), Dra. Inés Arroyo (educadora, novelista y poeta), Antonio (Mao) Ramos Ramírez (escritor e historiador), José

Alfredo Padilla (poeta y cuentista), Angel Pabón Plaza (poeta y declamador), Luis A. Santiago (poeta), Jorge Martínez (escritor), Carmen Flores (poeta), Profa. Nellys Gómez Lugo (educadora y poeta), Dra. Soraya Lagares (educadora y poeta), Sol Virginia Vargas (poeta), Olga Iris Bracero Cardoza (poeta), Margarita Asencio (poeta), María de los Milagros Pérez (poeta), Ceferino Rodríguez Denizard (educador y poeta), Aurelio Martínez Padilla (educador y poeta), Jimmy Riollano (poeta), George Rosas (poeta), Nellie Zapata (poeta), Adam Alvarez (poeta), Flavio Barbot Sosa (poeta), Teddy Alfredo Hernández (poeta), Angel Luis (Tatito) Matos Ruiz (poeta), Tato Rico (poeta), Angel Luis Matos Borrero (poeta), Wilson Arroyo (poeta).

Personajes Ilustres
de Cabo Rojo

La composición fotográfica de la página anterior es una cortesía del presidente de la Sociedad Histórica de Cabo Rojo, Sr. Jerjes Medina Albino.

Primera fila de izquierda a derecha: Dr. Ramón Emeterio Betances y Alacán, Salvador Brau y Asencio, Emilio Del Toro Cuevas, Luis Muñiz Suffront; Segunda fila: Juan Enrique Colberg, Ricardo Del Toro Soler, Padre Francisco Jiménez, Ramón Belisario López Carlo; Tercera fila: Juan Ezequiel Comas Pagán, Serapio Avilés, Margarita Montalvo Cerdá, Andrés Gabriel Colberg; Lorenzo Vargas, Josefa Campiz Carlo, Rebekah Colberg Cabrera, Elisa Colberg Ramírez.

Este histórico "banner" tuvo su exhibición oficial el pasado mes de noviembre de 2022 en la Exposición de Historia, Arte y Cultura Puertorriqueña de Jacksonille, Universidad del Norte de la Florida, cuya dinámica presidenta y fundadora es la líder cultural caborrojeña, Arlene Vidal de Ortiz.

Durante el pasado año 2023, el Sr. Jerjes Medina Albino, presidente de la Sociedad Histórica de Cabo Rojo, realizó una Exhibición a manera de "banners" titulada "Conociendo a Cabo Rojo" en el Museo de los Próceres donde también figuró este "banner" de "Personajes Ilustres".

Y, el pasado mes de enero de 2024, el "banner" de "Personajes Ilustres de Cabo Rojo" tuvo su exhibición en los actos de la Fiesta de la Calle Carbonell.

Personajes Ilustres de Cabo Rojo

La composición fotográfica de la página anterior es una cortesía del presidente de la Sociedad Histórica de Cabo Rojo, Sr. Jerjes Medina Albino.

Primera fila de izquierda a derecha: Salvador Mestre y Mora, Pedro Fidel Colberg, Antonio Acarón Correa, José A. Fleytas Colberg; Segunda fila: Loreto De Jesús Montalvo, Arsenio Comas, Sifredo Lugo Toro, Antonio (Tony) J. Fas Alzamora.

La primera exhibición de este "banner" de "Personajes Ilustres de Cabo Rojo" aconteció el pasado mes de noviembre de 2022 en Jacksonville, Florida, Exposición de Historia, Arte y Cultura Puertorriqueña, Universidad del Norte de la Florida. Fue parte de nuestra monumental Exposición titulada "Conociendo a Cabo Rojo".

Este "banner" histórico formó parte por segunda vez de la Exposición "Conociendo a Cabo Rojo" presentada por la Sociedad Histórica de nuestro pueblo en el Museo de los Próceres durante el pasado año 2023.

Y, su exhibición más reciente aconteció en la primera edición de la "Fiesta de la Calle Carbonell" en Cabo Rojo durante el pasado mes de enero de 2024.

Personajes Ilustres
de Cabo Rojo

(Cortesía Archivo Histórico de Myrna Lluch)

La composición fotográfica de "Personajes Ilustres Cabo Rojo" en el género literario, muestra las imágenes de los doce (12) distinguidos poetas y escritores, fundadores del "Círculo Literario Caborrojeño" 57 años atrás en 1967, capitaneado por la voz de campana mayor de nuestro hoy insigne prócer caborrojeño, Sifredo Lugo Toro "Zahorí".

Primera fila de izquierda a derecha: Reinaldo Silvestri, Carmen Eneida Seda, Sifredo Lugo Toro (fallecidos).

Segunda fila: Myrna Lluch, Carlos Eneri Avilés (fallecido) y María de los Milagros Pérez.

Tercera fila: Julio A. Toledo (fallecido), Margarita Asencio y Cayetano Acosta Almodóvar (fallecido).

Cuarta fila: Edilberto Irizarry Acarón, Antonio Pagán y Lino Lucena Zapata (fallecidos).

"El "Círculo Literario Caborrojeño" ganó gran prestigio cultural en su época ya que, realizó innumerables veladas poéticas en diversos escenarios locales con la participación de todos los que fuimos miembros honorables de aquella histórica institución cultural. Su presidente, Zahorí, fue el editor de nuestro vocero literario "Fiat Lux", y antes de dar por concluido nuestro gran ciclo de oro literario en Cabo Rojo, éste fue el -editor estrella- de la Antología Poética "Surco y Espiga" durante la década de los años '70 del pasado siglo XX, donde todos los poetas socio-fundadores tuvimos una destacada participación con nuestras obras publicadas. Al momento presente, año 2024, sólo quedamos como sobrevivientes cuatro musas femeninas: María de los Milagros Pérez, Margarita Asencio, Sol Virginia Vargas y Myrna Lluch.

Caborrojeños Distinguidos
(2024)

**Antonio (Mao) Ramos Ramírez de Arellano
(arqueólogo e historiador)**

**Federico Pérez Marty
(Ex Pres. Desfile Nacional Puertorriqueño
Nueva York)**

Jorge Silvestry Torres (locutor radial)

**Myrna Lluch
(Escritora, Artista, Periodista y Gestora Cultural)**

Miguel Angel Nicolai (pintor y educador)

Jorge Nicolai Avilés (cantante)

Dr. Jessé Román Toro (novelista)

Harry N. Padilla Martínez (abogado)

Familia Ortiz Ruiz (sastres, músicos y políticos)

**Ceferino Rodríguez Denizard
(historiador y escritor)**

**Virgen Alvarado Figueroa
(profesora y directora Musical)**

Orlando Toro Mercado (profesor y músico)

Edwin Segarra Cardoza (escultor)

**Diana De la Torre
(ex profa. bellas artes y pintora)**

**Jerjes Medina Albino
(historiador, artista y heraldista)**

**Arlene Vidal Santiago
(líder cultural en Jacksonville, Fl.)**

Nellys Gómez Lugo (educadora y poeta)

Dianilee Rodríguez (cantante soprano)

Cabo Rojo

(En mi Poesía Lírica)

Mi patriotismo en esencia

Soy fruto fértil del seno montañoso de mi preciado y pintoresco Barrio Llanos Tuna de Cabo Rojo, Puerto Rico… y a Dios bendigo cada día de inefables contrastes cotidianos en mi existencia humana. Fascinada e inmersa en la magia natural de la flora, la fauna y el majestuoso paisaje campestre con la singular belleza de sus escenarios panorámicos… desde mis tempranos años juveniles fui aprendiendo a desarrollar ese relevante y ardido amor por la mística naturaleza que rodeaba mi ser; especialmente por mi bendecida cuna caborrojeña.

Esporádicamente y aun -nena yo-, solía disfrutar a plenitud suprema de mi excitante y mayor aventura: escalar la montaña en la parte trasera de la finca de mis amados abuelos maternos hasta llegar a su imponente falda a la sombra de un árbol de tamarindo desde donde me provocaba un embrujo total el contemplar a equidistancia en la llanura el casco urbano de mi bendecido pueblo de Cabo Rojo. Y hubo una vez en la que, ya perfilándome inconscientemente como niña poeta, le escribí mis primogénitos versos: **"Pueblito de Cabo Rojo, mirando desde la altura, te confundes a lo lejos… con tu exquisita hermosura. Parece que te vestiste con tu trajecito azul; buena hora en que le diste, a mi inspiración la luz. Cabo Rojo, te amo tanto, que tuya es la vida mía; quiero con risa y con llanto… dedicarte esta poesía". (cierro la cita)**

Es decir que, sobre la inocencia de mis pocos años juveniles, ya mi polluelo espíritu comenzaba a destilar inadvertidamente mi llamado "patriotismo en esencia".

Mi espontáneo y juvenil inicio en el fascinante mundo de la poesía ocurrió a mi corta edad de ocho años. En adelante, hubo un receso inspirativo prolongado hasta llegar a la escuela intermedia a mi edad de 11 años. ¡Pero mis preciadas -musas niñas- sólo danzaban al compás de los idílicos y románticos -capullitos poéticos- de mi pre adolescencia.

Ya en 1969, con 19 años cumplidos y tras hacer publicado mi primer poemario titulado "Capullos", es cuando comencé a enfilar mi tintero y mi pluma literaria hacia la inclinación filosófica de mi <patriotismo en esencia> publicando varios poemas dedicados a mi amada isla puertorriqueña.

¡Ya le había escrito mi primera poesía a mi amado lar caborrojeño… porque soy de pura nacionalidad puertorriqueña nacida en Cabo Rojo con el filo del hacha justiciera en mi mano! Sucesivamente, largos años después de 1971, cuando había establecido residencia permanente en la ciudad de Nueva York, retomé el ímpetu de mis aladas musas patrióticas y escribí durante el año 1979 lo que yo le llamo, un poema en verso libre y de fuerza bravía dedicado a mi amado pueblo hombre, que fue publicado en el Anuario Antológico Caborrojeño de las Fiestas Patronales en Honor a San Miguel Arcángel por su editor, el ilustre caborrojeño don Sifredo Lugo Toro {Zahorí} y que, sirve de antesala a mis poemas líricos dedicados a Cabo Rojo…

A Cabo Rojo

Pueblo mío… Cabo Rojo: Pueblo Hombre.
Aquí dentro de esta comuna curtida
y amarilla donde cuelgo del aire mis ansias
de poeta, y los cerebros que persiguen
mis transparentes huellas quisieran convertirme
en mecánico robot adormecido, vaga
e inconscientemente en sus callejas…

Cabo Rojo: Pueblo mío; cuando mi sangre joven
siente la fatiga plasmarse en cada célula
que agudamente se me torna estéril
ante este torbellino inconcebible
de desnudez continua…

Entonces, Pueblo Hombre, un dolor de tristeza
por dentro me hace rememorar
todos los irrompibles cordeles de oro
que, sobre tu prolífera gleba me tendías
soñando que palpaba los cuerpos
de las nubes que ansiosos navegaban
entre mis pensamientos;
pensando en tu alborada besando
mis tejidos al recrearse en mis retinas
saturadas de inefables reflejos…

Pueblo mío, pensando en que en tus aguas
de bravura sutil se sumergía mi alma
dándose a una creación de voz altisonante.
Pueblo Hombre: Tú, provocándome espasmos
delirantes cada vez que triunfante me lanzabas
a tu fino trapecio de altura incalculable.

Cabo Rojo: Pueblo mío, Pueblo Hombre…
origen, siembra mía, culto señor que escuda
la sustancia rojiza de mi sangre.
Tú: Pueblo Gigante, reverdeciendo
siempre en la grandeza
de mis múltiples voces anhelantes…

Tú, reverdeciendo siempre en el preñado grito
de mi musa fémina.
¡Tú: Pueblo Hombre, dentro de esta comuna
curtida y amarilla…
orgulloso latiendo dentro de tu jíbara hembra!

Ciudad de Nueva York
(Año 1979)

Fotografía Histórica
"Corazón Casco Urbano de Cabo Rojo"

La imagen representa una vista aérea del llamado corazón del casco urbano del Municipio Autónomo de Cabo Rojo, Puerto Rico. Sobresale por su majestuosidad la Iglesia Católica San Miguel Arcángel; frente a ésta en la pequeña plazoleta a mano derecaha, el majestuoso Monumento a don Salvador Brau y Asencio. En el lateral izquierdo, la histórica Plaza de Recreo Dr. Ramón Emeterio Betances y Alacán donde descansan los resto del prócer en su "tumba monumento". En el ala derecha, un asomo de la Calle Segundo Ruiz Belvis; en la parte frontal, un asomo de Calle Celso Barbosa, y al fondo, un asomo de la Calle Luis Muñoz Rivera. No se visualiza con claridad al lado izquierdo la nombrada Calle Juan Rius Rivera.

¡Oh, Cabo Rojo!

¡Oh, Cabo Rojo, cuando yo expire
surcando el vuelo libre en lo alto
dejo en tu suelo y en tus confines…
mi ardida musa de patrio canto!

Todo el candor de mi pensamiento
en drama y verso os dejo plasmado;
toda la furia de mis lamentos…
junto al dolor de mi pueblo esclavo.

¡Oh, Cabo Rojo, en vaivén de olas
cuyos colores te han marchitado,
os juro pueblo, que habrá otra Lola…
resucitada en mi apostolado!

Porque de ti soy la más cantora
sacerdotisa de la poesía;
¡oh, Cabo Rojo, te canto ahora…
porque recobres tu gallardía!

Cuando yo pise huertos de gloria
y con mi estrella me vea vestida,
¡oh, Cabo Rojo, aun en tu historia…
habrá otra Lola por mí encendida!

17 de diciembre de 20
Cabo Rojo, Puerto Rico

A Cabo Rojo

(Soneto)

¡Oh, Cabo Rojo, costa de oro,
faro de genios trascendentales;
mi musa erguida con gran decoro…
lleva su lira hasta tus altares!

¡Oh, Cabo Rojo, cuántos corales
y perlas finas cubren tu manto;
trenzas doradas en tus costales…
lucen tu cola de fino encanto!

Mi jibarismo fiel hoy te invoca,
"mata con hacha" soy en tu suelo
y no hay quien pueda ya destronarme…

Pues soy tu "Lola" y a mí me toca
la ardiente musa con ancho vuelo…
cuando yo muera y quieras honrarme.

Poemario "Lira y Nación"
17 de septiembre de 2008

¡Me basta, Cabo Rojo!

(Soneto)

¡Cabo Rojo!
Me basta mi cultivo y sacerdocio histórico,
mi platea y mi guerrilla a la intemperie;
mi existencia poética y mi serie…,
¡soy femenil engendro de tu trópico!

¡Cabo Rojo!
Me basta mi rumor de olas bravías
hermanada en la luz de Brau y Betances,
y aunque sola me veo en tu monarquía…
¡tuyo es mi corazón y mis diamantes!

Hecha rayo y centella en tus altares
y grito de justicia en tus portales
me bastará mi muerte decorosa…

Descenderé a mi osario, Cabo Rojo
entre polvo y cenizas con arrojo…
¡alma y fragancia enigma de mis rosas!

Poemario "Diamantes Líricos"
13 de abril de 2020

¡Te bendigo, Cabo Rojo!

(Soneto)

¡Cabo Rojo!
¡Te bendigo en mi fuente de poeta
desde el portal de luz en mis altares;
soy te espiga de lírica retreta…
y ola de nívea espuma entre tus mares!

¡Cabo Rojo!
¡Eres perla preciosa en mi universo
cual pulido diamante iridiscente;
pueblo mío, te bendigo desde adentro…
y alejarme de ti, sólo la muerte!

Hoy grito desde el llano a la montaña
que si no estoy aquí mi alma te extraña
con llanto en mis pupilas temblorosas…

Pues soy mujer patricia que ha nacido
con libertad y orgullo aquí en tu nido…
¡mi Cabo Rojo, cuna majestuosa!

Poemario: "Diamantes Líricos"
16 de abril de 2022

Mi patria caborrojeña

(Soneto)

Pueblo mío, eres mi patria caborrojeña,
suelo madre y genial de ilustres hijos;
eres cielo de historia puertorriqueña…,
¡Cabo Rojo, mi cuna de ensueños fijos!

Eres rubí, diamante, perla y oro
con mares y palmeras de portento;
cultura hecha lumbrera cual tesoro…,
¡bellas artes de orgullo y basamento!

Eres el sol y luna de tu estuario,
poético festejo, aniversario
de fundación histórica imponente!

Y hoy por ti, "Patria Mía" caborrojeña
yo levanto mi copa alto en las peñas…
¡para brindar por ti frente al presente!

6 de diciembre de 2020
Cabo Rojo, Puerto Rico

Mi testamento a Cabo Rojo

(Soneto)

La sangre de mi espíritu aquí os dejo
tras mi metamorfosis, Cabo Rojo;
he servido a la gloria de tu espejo…
con humildad, nobleza y fiel arrojo.

Cual obrera incansable de las Artes
e hilandera en tus páginas de Historia,
Pueblo Mío, aquí os dejo mi estandarte…,
¡yo volaré descalza hacia la Gloria!

Mi sembradío de huellas en tu suelo
florecerá rosales en mi cielo
a la hora de mi muerte sonreída…

¡Y a ti, mi Cabo Rojo, yo te dejo
la sangre de mi espíritu y mi espejo…
junto al diamante de mi luz divina!

30 de abril de 2020
Cabo Rojo, Puerto Rico

"Mata con Hacha"

(Soneto)

Soy pura sangre "mata con hacha"
de bendecido lar caborrojeño
matizada con sol puertorriqueño…
y poeta de musa vivaracha.

¡Qué orgullo mi genética perfecta
indígena, española y africana;
sol de fuego, inefable llamarada…,
raciocinio de vasta inteligencia!

Benditas tus "Salinas", Cabo Rojo
defendidas con sangre y con arrojo
sobre el filo del -hacha- justiciera…

Pues ser "mata con hacha" es un decoro
distintivo ostentoso como el oro…
¡de nuestra hermosa y tricolor bandera!

11 de julio de 2021
Cabo Rojo, Puerto Rico

¡Soy tu hija y te celebro, Cabo Rojo!

(Soneto)

Soy tu hija y te celebro, Cabo Rojo,
gallardo pueblo de histórico portento;
oh, mi canción de cuna libre al viento…
¡oh, tú: mi madre perla y mi tesoro!

¡Cuán bendecida soy bajo tu cielo
en tus albas y ocasos majestuosos;
oh, tu Sol y tu Luna, esplendorosos…,
¡soy tu hija y te celebro con revuelo!

Hoy, dos siglos y medio de tu historia
a la intemperie van cantando gloria
con tus alas abiertas, Cabo Rojo…

Y mis musas te exaltan con euforia;
soy tu hija y te celebro en mis memorias…
¡con orgullo honorífico y decoro!

13 de julio de 2021
Cabo Rojo, Puerto Rico

Mi Cabo Rojo Señorial

(Soneto dedicado a Cabo Rojo en Conmemoración de su 250 Aniversario de Fundación)

¡CABO ROJO!
Olímpico te veo en mis pupilas,
gallardo, empoderado y ostentoso;
eres magia de ensueño decoroso…,
rubí entre los rubíes de joyas finas.

Gran ciudad señorial hecha realeza
con tu histórico manto de portento;
nada iguala la flor de tu belleza…
encumbrado ante Dios cual monumento.

Son tus albas y ocasos deslumbrantes
bautizando el paisaje con diamantes
de nívea y transparente iridiscencia…

De la Patria, un gigante en tu poltrona
con dos siglos y medio en tu corona…
¡de laureles ungidos en tu esencia!

17 de diciembre de 2021
Cabo Rojo, Puerto Rico

Monumento a los Caborrojeños
"Mata con Hacha"

(Soneto dedicado a su Histórica Develación
en la plaza pública Dr. Ramón Emeterio Betances)

Jubiloso historial de Cabo Rojo
el monumento erguido en tu homenaje
con el filo del hacha y con arrojo…
en defensa y portento a tu linaje.

Valeroso fortín, lustrado suelo
el rubí de tu lar caborrojeño;
nada enturbia tu sello y tu escudero…,
¡eres portal de luz puertorriqueño!

Ovaciones a ti en tu aniversario
con dos siglos y medio en tu santuario
pueblo "mata con hacha" al pensamiento…

Porque tú, Cabo Rojo, eres historia
de leyendas, de proezas y de gloria…
¡perpetuadas sobre este monumento!

17 de diciembre de 2021
Cabo Rojo, Puerto Rico

¡Pueblo mío!

(Soneto dedicado a Cabo Rojo
en la Celebración y Conmemoración
de su 250 Aniversario de Fundación)

¡Cabo Rojo: te exalto a ese santuario
de mi olímpica musa de poeta;
concierto de clarines y trompetas…
en gala musical de aniversario!

Mi lira pasional voy deshojando
por tu inefable suelo hecho riquezas;
tierra sagrada de una y mil proezas….
¡de perlas del Altísimo es tu manto!

¡Poeta germiné de tus entrañas
encumbrada en el cielo y tus montañas
y una estrella de amor para cantarte!

¡Nadie te cantará un rosal de versos
como yo, libre al viento en mi universo…
oh Cabo Rojo, en mi homenaje de arte!

2 de agosto de 2021
Boquerón, Puerto Rico

¡Cabo Rojo, cuna de gloria!

(Soneto)

¡Cabo Rojo! ¡Culto de templo histórico!
Poesía, leyenda, drama, historia
con alma de rubí, cuna de gloria…
y eminentes cerebros, lar pictórico.

¡Cabo Rojo!
¡Voces de Brau, Zahorí y Betances!
Trono de un procerato iridiscente;
paradisíaca tierra fluorescente…
y abanderados genios de las artes.

¡Cuna de gloria tú, níveo portento
de los poetas musa y pensamiento
con fúlgidas figuras inmortales!

¡Cuna de gloria tú, joya de un templo;
de la Patria gran símbolo, epicentro…
y pulido en tus playas de cristales!

23 de agosto de 2023
Cabo Rojo, Puerto Rico

Myrna Lluch

"La Lola de Cabo Rojo"
(En la voz de Zahorí)

125

Epístola Abierta de Carácter Psicográfico
de Sifredo Lugo Toro "Zahorí"

(Desde mi dimensión espírita)
-Dirigida a Myrna Lluch

Lunes, 12 de diciembre de 2016

Amada Myrna Lluch
¡La Lola de Cabo Rojo!

¡Al fin alcanzaste tu muy merecida e inefable categoría de **"Mujer Ilustre"** con la muy relevante llegada de tu -Busto Inmortal- al Museo de los Próceres de nuestra culta y bendecida cuna caborrojeña! Tú mejor que nadie conoces el canto controversial de mi -Coquí-, y mi fiel y resonante repique de campanario mayor a la hora de cantar verdades e injusticias.

Fuiste mi más constante y amada discípula de artes y letras durante 43 prolíficos años ininterrumpidos, y fue "Zahorí" tu muy humilde pero orgulloso gran mentor y maestro hasta la hora cero de entregar mi alma a Dios el pasado 3 de octubre de 2010... camino a mi viaje final hacia la dimensión espírita; hoy día, templo feliz de mi espiritual vida eterna.

¡Implacable regocijo celestial el mío al saber a mi hija predilecta, a mi raíz salvaje, a mi torcaza de Collores, a mi **"Lola de Cabo Rojo"** brillar con luz propia en el Cenit de los Caborrojeños Ilustres!

Te dejé como irrevocable legado al emprender mi viaje final hacia la vida cósmica, mi fina batuta intelectual y justiciera, y la brillante luz de mi -Linterna de Oro- para que tú mi amada **"Lola de Cabo Rojo"** continúes obrando y ganando merecidas insignias de gloria en tus floridos caminos literarios, artísticos e históricos... defendiendo como -gata boca arriba- el gran respeto, distinción y honorabilidad mayor que nuestro culto y bendecido pueblo le debe a tu persona en calidad de polifacética mujer de artes y letras; fiel sacerdotisa, primera embajadora artística, digna representante y célebre, pero, humilde e incondicional -Servidora Pública- de Cabo Rojo, y en toda gesta cultural de alta proyección histórica.

Aquí y ahora, en la segunda década de este nuevo siglo XXI, la gran dama ilustre y distinguida que ha logrado situarse en el trono de los "Ilustres Caborrojeños" con la instalación de tu -Busto Inmortal- en nuestra Galería y Sala de Estudio Zahorí del Museo de los Próceres; majestuosa obra escultórica del compueblano artista, Edwin Segarra Cardoza, ante quien me quito el sombrero y a quien aplaudo incesantemente por tan relevante gesta histórica concebida. Más de medio siglo, y -cuasi- al punto de seis radiantes décadas cumplidas has llevado ostentando merecidos logros, triunfos y gloria; mi eternamente amada Myrna Lluch: **¡La Lola de Cabo Rojo!**

Te recuerdo una vez más, y cuando viví en temporal coraza humana dentro del Planeta Tierra que: **"tú eres mucho más grande ahora en tu época, que la ilustre sangermeña, doña Lola Rodríguez de Tió, y la inmortal poeta carolinense, Julia de Burgos. Lola, porque vivió desterrada de nuestra Patria la mayor parte de su vida, y Julia, por su prematura muerte trágica el pasado 6 de julio de 1953 en la gran Ciudad del Hudson. Tú llegaste preñada de galas, luceros y soles radiantes a superarlas con tu vasta, brillante y depurada obra monumental exitosamente realizada".**

En cuanto libro histórico de mi autoría original publicado donde utilicé mi fértil pluma literaria de formación intelectual autodidáctica, me amparé en -mi orgullo propio- para elogiar y exaltar públicamente tus grandes dotes de excelente poeta, declamadora, actriz, dramaturga, profesora y directora teatral, pintora, escultora, editora, conferencista, periodista e implacable gestora cultural de nuestro pueblo, aunque no comulgábamos en términos de ideología política. Tú eres "Independentista" tal como Lola Rodríguez de Tió y Julia de Burgos, mientras que yo siempre fui fiel partidario de la estadidad federada.

Pero, tal discordancia, jamás creó conflicto ni malentendido alguno de peso mayor entre nosotros dos. Yo, que humilde pero orgullosamente me convertí en tu gran mentor y maestro desde los excitantes años de tu adolescencia en 1967, una vez me empeciné en inspirarte a someter candidatura independentista para tomar las riendas de nuestro pueblo como primera mandataria de nuestra poltrona municipal… porque Cabo Rojo precisaba de una genial mujer inteligente con firmes espuelas y agallas, y con firme repique de relámpago y trueno para empuñar… las bridas de su corcel gubernamental. Y fue tal tu abierta sinceridad para conmigo que, me disparaste tu respuesta contundente e inmediata a calzón quitao y sin pelos en la lengua:

"Papá Sifredo, soy una escritora, artista y mujer independentista, intelectual y militante en mi propio terreno cultural. Seguiré haciendo -patria- a mi manera, y usaré mis cañones y metralletas en el filo de mi pluma literaria, que es "la lengua de mi mente", como dijo el afamado Cervantes una vez. (cierro la cita).

Concluido mi sensato y directo reto, me parece justo y necesario volver a dejar escrito con tinta y papel impreso, y una vez más para la historia y, para futuras generaciones de caborrojeños, el por qué yo te llamé y te coroné **"La Lola de Cabo Rojo"**.

En tus prolíferos diez (10) años dedicados al Servicio Público (1997-2007), como empleada de gobierno del Municipio Autónomo de Cabo Rojo lograste y multiplicaste innumerables veces más la buena obra realizada y dejada por la poeta sangermeña y líder nacionalista, doña Lola Rodríguez de Tió, y la poeta nacionalista, universalista y trágica, Julia de Burgos durante sus épocas… en calidad de Coordinadora de Actividades Culturales o Turísticas en el Museo de los Próceres de nuestro pueblo. Desde allí diste rienda a tu titánica y monumental obra cultural, artística e histórica de carácter invaluable.

Fuiste genial creadora, fundadora y directora del "Taller de Teatro Caborrojeño (proyecto cultural sin fines lucrativos del Municipio Autónomo de Cabo Rojo). Y como si fuera poco, formaste centenares de jóvenes y adultos actores, ensayaste y presentaste exitosamente (61) obras teatrales durante toda una década de oro en el Anfiteatro Salvador Brau y en todas las escuelas públicas del Distrito Escolar de nuestro pueblo natal. Especialmente tú… ¡La

Lola de Cabo Rojo! ... le devolviste humildemente el teatro a nuestra "Cuna de Próceres", más de un siglo y cuarto después del teatro en verso de Salvador Brau (1871).

¡Y válgame un buen -carajo- resonante! Voy mucho más allá coronándote de gloria y honores. Tú ostentas con igual prodigio de realeza única varios de los títulos honorables igualados a nuestro insigne prócer caborrojeño, don Salvador Brau y Asencio: poeta, periodista, ensayista, dramaturga, e historiadora autodidacta.

Y como fértil dramaturga (en verso), sobrepasaste a veloz carrera y en proporción gigantesca la obra teatral escrita y presentada por Brau, que fueron pocos dramas escritos en verso y presentados en el Teatro Excelsior de Cabo Rojo después del 1871. Tú, en sólo una década de entrega apasionada a las bellas artes teatrales dentro del Servicio Público, escribiste, presentaste y obsequiaste amorosamente a tu pueblo (61) obras teatrales; obra monumental que ha quedado escrita y fija para la posteridad misma en tu valioso Libro de Oro: "El Teatro en Cabo Rojo" (publicado en el año 2007). Me atrevo a decir sin pelos en la lengua, que nuestro prócer te ha legado su genio y su luz desde la dimensión espírita para que tú, mi amada Myrna Lluch, les de continuidad brillante al buen teatro en Cabo Rojo mientras dure tu existencia fugaz en nuestro Planeta Tierra.

Tu naciste <genio> con tu propia estrella... porque los grandes genios llegan de vidas pasadas; de seres de luz avanzados en el espacio sideral que te han legado su avalancha de talentos para que en esta reencarnación tuya aquí y ahora des continuidad a sus obras inconclusas. Prueba fehaciente son tus certeros y grandes pensamientos filosóficos, tu galana poesía metafísica, tus obras dramatúrgicas, tu periodismo atrayente. ¡Eureka!

¡Encontraste tu propia piedra filosofal en tu brillante cerebro cósmico… guida por los nobles espíritus que le dan fuerza y empuje intelectual a la pasión creativa del manantial de tu verbo!

No existe duda posible. En tu intelecto galáctico juegan místicos roles prodigiosos la diversidad de talentos, la esencia de sus espíritus y, la inmortal sapiencia de Lola Rodríguez de Tió, Julia de Burgos, Salvador Brau y Asencio, Ramón Emeterio Betances y Alacán, e indudablemente, Sifredo Lugo Toro "Zahorí". ¡Cuánto me satisface y enorgullece el caro privilegio de haber sido el elegido por el Altísimo para ser tu gran mentor y maestro terrenal! ¡Para haberte ofrecido la luz y el pulimento intelectual que te guió a convertirte en uno de los más perfectos diamantes de nuestras bellas artes, cultura e historia puertorriqueña! ¡Que a nadie se le ocurra destronarte ni arrebatarte tu diamantina corona! ¡Soy tu más fiero guardián espiritual desde mi espacio sideral! **¡Tú serás eternamente para la historia… "La Lola de Cabo Rojo!**

Mi título y corona a la "La Lola de Cabo Rojo"

Llegada de tu "Busto Inmortal" a la Galería y Sala de Estudio Zahorí en el Museo de los Próceres de Cabo Rojo, el pasado lunes, 12 de diciembre de 2016. Poeta, declamadora, actriz, dramaturga, profesora de teatro y directora escénica, pintora, escultora, editora, conferencista, periodista, historiadora, gestora cultural y mujer filósofo. En tu prolífica trayectoria de casi seis (6) exitosas décadas ininterrumpidas (1965-2024) y en calidad de servidora pública has logrado muchas más hazañas históricas que la ilustre sangermeña doña Lola Rodríguez de Tió en su época, obrando con inteligencia y verticalidad honorable a través de tu militancia literaria, dramatúrgica, histórica y patriótica sin la necesidad del destierro.

(1993) – Creadora, fundadora y presidenta del "Círculo Cultural Myrna Lluch" con sede oficial en el primer nivel de tu majestuosa residencia boqueronense, logrando reunir a innumerables literatos reconocidos a nivel isla y metropolitano. Entre las más reconocidas figuras del parnaso literario de Puerto Rico, el poeta nacional, don Francisco Matos Paoli.

(2005) – Ponencia Cultural presentada ante 16 miembros de la Legislatura Municipal de Cabo Rojo, relativa a tu petición legal de la futura inauguración oficial del Monumento a Salvador Brau y Asencio, y la primera e histórica conmemoración del "164 aniversario natalicio del prócer caborrojeño".

(2006) – Rescate aguerrido de la memoria del insigne prócer caborrojeño, Salvador Brau y Asencio, y el gran logro de tu gesta histórica: la inauguración oficial de su majestuoso "Monumento", y la primera e histórica conmemoración de su "164 aniversario natalicio". (11 de enero de 2006)

(1997-2007) – Mujer de intelecto aguerrido y patriotismo en esencia; creadora, fundadora y directora del Taller de Teatro Caborrojeño (proyecto cultural sin fines lucrativos del Municipio Autónomo de Cabo Rojo, bajo la pasada administración del fallecido alcalde, Santos E. Padilla Ferrer. Servicios culturales y educativos ofrecidos a todas las escuelas públicas del Distrito Escolar de nuestro pueblo. Sesenta y una (61) obras teatrales presentadas con éxito durante una década ininterrumpida, sobrepasando por todo lo alto el primer movimiento teatral de Salvador Brau y Asencio (1871-1874). Fundadora y directora del Taller de Teatro Estudiantil Caborrojeño (1997-2007). Publicaciones Culturales: Antología "Teatro Estudiantil Puertorriqueño

(2003); "El Teatro en Cabo Rojo"; Libro de Oro que recoge en sus páginas toda una década de éxitos en el segundo movimiento teatral más abarcador en la historia de las Bellas Artes (2007).

(2008) – Homenaje de exaltación en la Escuela Intermedia Pedro Nelson Colberg de Cabo Rojo y develación de una placa en tu honor, colocada sobre una piedra en el patio interior de dicho recinto escolar. Reconocimiento público como la **"Lola Caborrojeña"** y dedicatoria de su evento cultural "Tradiciones puertorriqueñas en convivencia pacífica".

(2009) – Gesta histórica: Proclama de felicitación de parte de la Legislatura Municipal al ilustre caborrojeño, don Sifredo Lugo Toro "Zahorí" en el día de la celebración de su natalicio #96. (7 de abril de 2009)

(2008-2010): Creadora, fundadora y directora del Teatro de Cámara llamado "Teatro Rodante Myrna Lluch", Carr. 307, Km. 7.0 Interior, Boquerón, Puerto Rico en el primer nivel de tu verde y majestuosa residencia.

(2011) – Adquisicón de una estructura en el casco urbano de Cabo Rojo que, posteriormente fue nombrada "Casita Mata con Hacha" (Casa Museo Myrna Lluch), Calle Quiñones #59 (detrás de la Casa Alcaldía), y que opera como el Segundo recinto de bellas artes, cultura e historia caborrojeña. Talleres y eventos de teatro, poesía, redacción creativa, charlas educativas sobre la vida y obra de hombres y mujeres ilustres de Cabo Rojo y otros puertorriqueños.

Documento de "Alegato Oficial" redactado por **Myrna Lluch (La Lola de Cabo Rojo),** y dirigido a la ex alcaldesa de turno, doña Perza Rodríguez Quiñones y a la Legislatura Municipal, en defensa legal de la permanencia de la "Sala de Estudio Zahorí" en el Museo de los Próceres de Cabo Rojo… cuando se vio amenazada a ser desmantelada por un cerebro inconsciente para darle curso a una exhibición relativa a la vida y obra del pirata caborrojeño, Roberto Kofresí y Ramírez de Arellano. Tú, como -gata boca arriba- diste una heroica batalla para detener el inminente siniestro. ¡Otro gran triunfo mayor el tuyo!

Ponencia de relieve cultural e histórico presentada ante la Legislatura de Cabo Rojo, abogando por el retiro inmediato de la "capucha plexy glass" puesta al busto de Betances; gesta cultural lograda mediante la incumbencia municipal del Hon. Roberto Ramírez Kurtz (alcalde de turno en aquella época).

(2015) – Homenajeada por la Unión Hispano Mundial de Escritores con el "Premio Mundial a la Excelencia Cultural" en la Casa Museo Pilar Defilló, Mayagüez, Puerto Rico.

(2016) **¡Mi Lola de Cabo Rojo!** Con tu majestuoso -busto- instalado oficialmente en la Galería y Sala de Estudio Zahorí" del Museo de los Próceres de Cabo Rojo, que, rinde -tributo de recordación- a lo que fue mi vida y obra a mi paso fugaz por la Estancia Tierra… ¡ya lograste situarte en el -Cenit- del Procerato Caborrojeño aunque, Cabo Rojo no se digne a reconocerte públicamente como tal! Te costó con sudor, lucha, sangre, sacrificio, sacerdocio y corazón partido demostrarle a nuestro amado pueblo la relevancia histórica invaluable de este gran homenaje en vida humana; reconocimiento cósmico a tu brillante y depurada obra realizada sin parangón alguno en esta preciada "Cuna de Hombres y Mujeres Ilustres".

Y yo, Sifredo Lugo Toro "Zahorí", tu gran mentor y maestro… desde los fosforescentes mundos de luz en la dimensión espírita, te felicito y te abrazo henchido de regocijo triunfal ante esta monumental gesta histórica que, por consiguiente, amerita mi más sólido estrechón de manos al talentoso escultor caborrojeño, Edwin Segarra Cardoza, y al alcalde de turno, Hon. Roberto Ramírez Kurtz, por tu glorioso ascenso a la -Inmortalidad- de los grandes hombres y mujeres ilustres de Cabo Rojo. ¡Eureka! ¡Hágase la luz!

Homenajeada como "Dramaturga" por el Círculo de Dramaturgos Puertorriqueños y el Colegio de Actores de Puerto Rico en el área metropolitana junto a la decana del teatro puertorriqueño, doña Myrna Casas; Café-Teatro "El Ensayo", Río Piedras. (26 de mayo de 2016).

(2019) – Autora intelectual Develación Busto del Prócer Caborrojeño, Dr. Ramón Emeterio Betances y Alacán; Conmemoración de su aniversario natalicio, Acto de la Jornada Betances, Plaza de Recreo, Cabo Rojo, Puerto Rico. (8 de abril de 2019).

Autora intelectual Develación busto del prócer caborrojeño, Sifredo Lugo Toro "Zahorí"; Concha Acústica don Santos Ortiz Montalvo, Plaza de Recreo Dr. Ramón

Emeterio Betances y Alacán, Cabo Rojo, Puerto Rico. Autor del busto: Edwin Segarra Cardoza. (13 de abril de 2019).

(2019) – Autora intelectual instalación oficial bustos de los ilustres caborrojeños: Dr. Ramón Emeterio Betances y Alacán y Sifredo Lugo Toro "Zahorí" en el Museo de los Próceres mediante orden municipal del alcalde de turno en aquella época, Sr. Roberto Ramírez Kurtz. (20 de junio de 2019).

(2020) – Miembro "Comité de Cultura" de la Comisión para la Conmemoración de los 250 Años de Fundación de Cabo Rojo, nombrada por el entonces alcalde, Sr. Roberto Ramírez Kurtz; Club de Leones de Cabo Rojo (20 de noviembre de 2020).

(2021) – Nombramiento al cargo de vice presidenta de la Sociedad Histórica de Cabo Rojo, Inc. (5 de agosto de 2021), Redacción y voz narrativa de documentales históricos; redacción y conductora de entrevistas culturales a escritores, artistas y personas distinguidas de la comunidad; conmemoración aniversarios natalicios de próceres caborrojeños y acontecimientos históricos de pueblo, etc.

Libro publicado: "Cabo Rojo: Bellas Artes, Cultura e Historia" (Conmemoración 250 aniversario fundación de Cabo Rojo).

(2022) – Libro publicado: "Cabo Rojo, Portal Histórico de un Pueblo" (Conmemoración 251 aniversario fundación de Cabo Rojo).

La Asociación Nacional Puertorriqueña de Nueva York te otorgó el "Premio Eugenio María de Hostos" como laureada escritora, artista, periodista y gestora cultural en la Categoría de Letras; Concha Acústica don Santos Ortiz Montalvo, Plaza Pública Dr. Ramón Emeterio Betances y Alacán, en concierto de la Banda Cultural Herminio Brau. Presentadora del premio: Profa. Nellys Gómez Lugo. (17 de diciembre de 2022).

(2023) Creadora, fundadora y presidenta del "Premio Sifredo Lugo Toro "Zahorí"", y que honra mi memoria, otorgado anualmente a distinguidos escritores, artistas y educadores de Cabo Rojo y a nivel isla, que han registrado talentos similares a los de Zahorí.

(2024) – Libro publicado: Antología Poética "La Poeta de la Casa Verde"; un voluminoso recuento poético y abarcador basado en una prolífica y exitosa trayectoria de 55 largos años dedicados al cultivo de la literatura patria. (1969-2024).

Libro publicado: "Cabo Rojo y sus Próceres" (En mi Poesía Lírica); una valiosa obra literaria con trasfondo histórico exaltando la vida, obra y legado de una trilogía de próceres caborrojeños: Dr. Ramón Emeterio Betances y Alacán, Salvador Brau y Asencio y Sifredo Lugo Toro "Zahorí". Por consiguiente, fotografías y un gran listado con "Menciones de honor a personajes ilustres" (fallecidos y sobrevivientes en sus respectivas épocas).

Libro publicado: "Memorias en Blanco y Negro" (2da. Autobiografía de tu Vida y Obra).

Y para ornamentar con -diamantes de oro- mi título y corona otorgado a tu persona en calidad de excepcional "Mujer Ilustre" de nuestra "Cuna de Próceres", tu gran "Celebración del 59 aniversario en las bellas artes", lunes, 25 de marzo de 2024, con doble celebración cultural e histórica el domingo, 7 de abril de 2024 en el que, tu amado mentor y maestro "Zahorí" celebra en su dimensión espírita el "111 Aniversario de su Natalicio Celestial".

"Te repetí innumerables veces a mi paso longevo por la existencia humana, que tú eres mucho más grande ahora en tu época... que la ilustre sangermeña, Lola Rodríguez de Tió y la poeta carolinense, Julia de Burgos, y lo sostengo como aguerrido e íntegro soldado de guerra intelectual, cultural e histórica desde mi trono feliz en el espacio sideral de la vida cósmica. ¡Alcanzaste esa merecida estatura de prócer que Cabo Rojo no reconoce todavía!

Fuiste, eres y siempre serás "La Lola de Cabo Rojo". ¡Otra <Mujer Ilustre> para la historia!

Tu amado mentor y maestro,

Sifredo Lugo Toro {Zahorí}

Busto de Myrna Lluch
-Sala de Estudio Zahorí-

Museo de los Próceres
Cabo Rojo, Puerto Rico

La imagen representa a la ilustre y laureada escritora, artista, periodista y gestora cultural (izq.); su -Busto- al centro, y el escultor de la obra de arte, Edwin Segarra Cardoza (der.) (12 de diciembre de 2016).

Cabo Rojo

En mi Poesía Lírica

****

{Segunda Parte}

¡Cabo Rojo!
(Bellas Artes, Cultura e Historia)

(Soneto)

¡Cabo Rojo!
Dos genios inmortales de tu historia
son Betances y Brau en tus altares;
su eminencia lustrada es pan de gloria…
sobre el níveo cristal de tus portales.

Es Betances "El Padre la Patria";
Brau, el primer historiador de estreno;
dos joyas invaluables de tu entraña…,
cultura histórica de tu sacro suelo.

¡Cabo Rojo: bastión de bellas artes,
"Cuna de Próceres" fundida con diamantes
y un caudal de almas nobles en tu espejo!

El Altísimo hoy derrama bendiciones
sobre tu tierra y cielo en mil colores…
¡por dos siglos y medio de festejo!

4 de agosto de 2021
Boquerón, Puerto Rico

¡Mujer y musa caborrojeña!

(Soneto)

¡Yo soy mujer y musa de ancho vuelo,
pasión y lira soy, alma del mundo
que a la intemperie voy sin escudero…
a mi pueblo cantando amor profundo!

¡Es mi cuna de gloria bendecida
cual fuente del diamante transparente;
Cabo Rojo, mi aljibe de agua viva…,
mi orgullo y mi estandarte iridiscente!

¡Soy poeta exaltando su belleza,
su cultura, su historia y su grandeza
porque es faro de luz en sus altares!

¡Y hoy festejo feliz su aniversario
de dos siglos y medio en el santuario…
del universo fiel de sus portales!

2 de agosto de 2021
Cabo Rojo, Puerto Rico

Mi gallardo Cabo Rojo

Cabo Rojo acunado en la poesía
de Betances, de Brau y de Josefa
siempre ostenta inefable gallardía…
en la tuneña voz de esta poeta.

Nadie iguala tus musas, Cabo Rojo
ni el rojo vivo de tu fina cresta;
ni el romance de luz entre tus ojos…,
¡ni el aroma especial de tu floresta!

Eres tú pueblo hombre y aguerrido
campeón mineral de tus "Salinas"
sobre el filo del hacha enardecido…
e históricas batallas definidas.

Pero siempre gallardo en los portales
del arte y la cultura que te anidan
con vasta inspiración en tus canales…
¡para cantarle al mundo, tienes lira!

¡Qué de hazañas logradas en tu suelo;
cuán galano es tu nombre que ilumina!
Cabo Rojo, con Dios como escudero…
de la antilla eres tierra bendecida.

Del pirata eres cuna legendaria;
Roberto Cofresí fue hito de historia
con un fuego voraz en sus entrañas…
desafiando las hieles de la escoria.

Pero naciste al mundo, Cabo Rojo
con hombres de intelecto y estatura;
con clásicas mujeres y el arrojo…
legado a su sapiencia y hermosura.

Hoy, en la cumbre de mi lar tuneño
como águila poeta yo te exalto
porque tú, pueblo mío, eres ensueño…
¡del patriótico amor con que te canto!

9 de agosto de 2022
Cabo Rojo, Puerto Rico

¡Dos siglos, cinco décadas y un año!

(Soneto dedicado a Cabo Rojo
en Conmemoración
de su 251 Aniversario de Fundación)

Dos siglos, cinco décadas y un año
festejo de tu suelo bendecido;
edén paradisíaco en el que anido…
repicando por ti mi campanario.

¡Cabo Rojo: eres manto de diamantes
y corona de genios tu santuario;
Madre Tierra de Brau y de Betances…,
yo, copa de poesía en tu aniversario!

¡Dos siglos, cinco décadas y un año
cual rubí iridiscente en tus peldaños
con galanos portales en tu historia!

¡Y hoy repico por ti mi campanario
porque -patricia- yo en tu aniversario…
te exalto al universo de la Gloria!

17 de diciembre de 2022
Cabo Rojo, Puerto Rico

Himno lírico a Cabo Rojo

(Copyright by Myrna Lluch)

Cabo Rojo, ciudad majestuosa
te corona un rubí en tu portal
de hombres genios y hazañas gloriosas…
y tu Faro de Luz tropical.

El portento de tu hacha en la mano
y en tu gente el nombre popular;
Cabo Rojo, mi pueblo encantado…
monumento de historia inmortal.

De Betances cuna decorosa
y de Brau su libro intelectual;
del pirata tierra valerosa…
con tu escudo y bandera triunfal.

Cabo Rojo, tesoro invaluable,
tierra y mar de belleza mundial;
tu alma roja con sello honorable…
brilla en lo alto de tu pedestal.

15 de marzo de 2022
Cabo Rojo, Puerto Rico

Descripción de Portada

"El Faro de los Morrillos"

La majestuosa portada que engalana esta obra literaria con trasfondo educativo e histórico, es una obra de arte pictórico original del veterano pintor caborrojeño don Sifredo Lugo Toro / Zahorí que data del año 1997. Fue seleccionada con todo respeto y autoridad personal (ya que soy albacea legal y custodio por testamento de la obra del prócer), para otorgar belleza inefable de primera instancia a este libro ya que, "El Faro de los Morrillos de Cabo Rojo está considerado el primer monumento histórico y emblemático de nuestro culto y bendecido pueblo "mata con hacha", y es una obra de arte llevada al lienzo por un prócer caborrojeño.

Breves datos históricos sobre esta majestuosa estructura de estilo arquitectónico neoclásico son los siguientes: El Faro de los Morrillos forma parte del sistema de alumbrado marítimo de Puerto Rico y es la única estructura en el Municipio de Cabo Rojo incluida en el Registro Nacional de Lugares Históricos del Departamento del Interior de los Estados Unidos desde 1981. Fue construido entre los años 1877 a 1882 por el gobierno español para ayudar a las embarcaciones marítimas a navegar por las aguas de la costa suroeste de Puerto Rico ya que, en aquella época, el transporte de mercancías y la pesca eran actividades importantes para la economía local. Fue construido en una zona rocosa y peligrosa conocida como "Los Morrillos", a unos 200 pies sobre el nivel del mar. El edificio de piedra de tres pisos, con un tope rojo blanco, se convirtió rápidamente en un hito importante para los barcos que navegaban por la costa.

Durante largos años, el Faro fue operado por un grupo de hombres valientes conocidos como "los fareros" que vivían en éste y se encargaban de mantener las luces encendidas y la maquinaria en buen estado.

Ha sido uno de los atractivos turísticos más populares de Puerto Rico, y es fácil entender el por qué. La vista panorámica desde "El Faro de los Morrillos" es impresionante. Aguas cristalinas y turquesas, acantilados escarpados, la exquisita formación panorámica de "La Playuela" y, en el horizonte, la silueta de una cadena de montañas en nuestra isla. **(Fuente Bibliográfica: Google; Cabo Rojo.com)**

La estructura neoclásica fue restaurada por el entonces gobierno municipal de turno durante la primicia de la primera década del siglo XXI, y abrió sus puertas a los visitantes en calidad de "Museo"; pero años después cerró operaciones culturales, y actualmente se encuentra en fatal deterioro físico.

Actualmente, "El Faro de los Morrillos de Cabo Rojo", es una obra de arte pictórico, propiedad de "Cabo Rojo Discount House" de exhibición permanente en la oficina ejecutiva de su empresa.

Nuestro insigne prócer caborrojeño, don Sifredo Lugo Toró "Zahorí", artista de pinceles por calidad, profesionalismo y excelencia única, pintó por encargos personales y comerciales "El Faro de los Morrillos de Cabo Rojo en varias ocasiones. Aquí y ahora, engalana con majestuosidad pictórica la portada histórica de… **Cabo Rojo y sus Próceres (En mi Poesía Lírica).**

Majestuosa vista aérea del territorio marino en "El Faro de los Morrillos"

Localizado en la costa marina al suroeste del Municipio Autónomo de Cabo Rojo, Puerto Rico, y engalanado por aguas cristalinas de matiz azul turquesa, acantilados escarpados, el semi círculo de la hermosa "Playuela" y la cadena de montañas al fondo, "El Faro de los Morrillos" es el primer monumento emblemático de nuestra "Cuna de Próceres", y la más imponente y majestuosa vista oceánica de nuestro territorio marino.

Notas Finales

Escribir y haber publicado esta obra literaria con trasfondo educativo e histórico dedicada a los grandes hombres, mujeres y personajes ilustres de mi amada y bendecida cuna caborrojeña, ha compuesto un regocijo de plenitud suprema para mi prolífero espíritu, mis musas soberanas y mi consciente intelectual.

Debo hacer aclaración marcada de que, en su gran mayoría mis poesías líricas dedicadas a la trilogía de próceres caborrojeños: don Salvador Brau y Asencio, Dr. Ramón Emeterio Betances y Alacán, y don Sifredo Lugo Toro "Zahorí", han sido extraídas de algunas de mis publicaciones originales anteriores ya que, son poemas históricos que fueron escritos por mi pluma literaria y declamados por mi persona en actos relativos a "Tributos de Recordación" a los tres mencionados hombres ilustres.

Mi poemas líricos y sonetos dedicados amorosamente a mi -patria caborrojeña-, en su gran mayoría me han sido solicitados para publicación por la junta editora del Anuario de las Fiestas Patronales en Honor a San Miguel Arcángel que publica anualmente el Municipio Autónomo de Cabo Rojo.

Otros poemas fueron escritos y publicados en mis dos obras literarias e históricas publicadas ente los años 2021 y 2022: "Cabo Rojo: Bellas Artes, Cultura e Historia" (Conmemoración 250 Años Fundación de Cabo Rojo) y, "Cabo Rojo: Portal Histórico de un Pueblo" (Conmemoración 251 Años Fundación de Cabo Rojo). De manera que, mi determinación personal ha sido dejar esta valiosa e interesante compilación poética publicada en un solo libro. ¡Eureka! ¡Hágase la luz!

¡Gracias infinitas!
¡Pueblo Mío!

Myrna Lluch
"La Lola de Cabo Rojo"
{La Poeta de la Casa Verde}

Made in the USA
Columbia, SC
17 March 2024